이 땅을 지켜온,

지금도 지키고 있으며,

앞으로도 지켜나갈

대한민국의 모든 군인들에게 이 책을 바친다.

인천상륙작전의
숨은 주역

함명수

다물아사달 기획 '국군열전'

다물아사달에서는 창군(創軍)과 6·25전쟁, 그리고 대한민국 발전 과정에서 노심초사한 '참 군인'들과 UN군 참전용사들을 선정하여 그들의 삶과 업적을 오늘에 되살리는 '국군열전'을 기획하고 있습니다.

인천상륙작전의
숨은 주역

함명수

초판 1쇄	2016년 05월 30일
지은이	김선덕
발행인	황승훈
디자인	박상아
교정·교열	이규석
발행처	도서출판 다물아사달
등록번호	제2015-000025호
주소	서울특별시 중구 서소문로6길 34, 609호
전화	02-2281-5553
팩스	02-2281-3953
홈페이지	www.damulasadal.com
가격	13,000원
ISBN	979-11-955026-4-6 04900
	979-11-955026-3-9 04900 (세트)
CIP제어번호	CIP2016012576

이 도서의 국립중앙도서관 출판도서목록(CIP)은 서지정보유통지원시스템 홈페이지(http://seoji.nl.go.kr)와 국가자료공동목록시스템(http://www.nl.go.kr/kolisnet)에서 이용하실 수 있습니다.

ⓒ 김선덕 2016, Printed in Korea.

- 이 책은 저작권법에 따라 보호받는 저작물이므로 무단전재와 무단복제를 금지하며, 이 책 내용의 전부 또는 일부를 이용하려면 반드시 저작권자와 도서출판 다물아사달의 서면 동의를 받아야 합니다.
- 파본이나 잘못된 책은 구입처에서 교환해 드립니다.

국군열전 列傳

인천상륙작전의
숨은 주역

함명수

도서출판
다물 아사달

저자 서문

　내 생애 첫 책인 '실록 대한민국 국군 70년, 本紀'를 출간한지 벌써 1년이 지났다. 상하 2권으로 구성된 '실록 대한민국 국군 70년, 本紀'는 광복이 되는 해인 1945년부터 2014년까지의 국군 70년 역사를 집대성한 책이다.

　책의 제목을 그냥 '실록 대한민국 국군 70년'이라고 해도 되는데 굳이 본기(本紀)를 더한 데에는 나름대로의 이유가 있다. 국군의 역사를 정리하다보니, 국군의 역사를 만들어온 그 시대 주인공들의 이야기, 즉 열전(列傳)도 쓰고 싶은 욕심이 생긴 것이다. 그래서 앞으로 쓸 열전에 대비해 책 제목에 본기를 추가했다. 한마디로 말해 기전체(紀傳體) 역사서술의 효시인 중국역사의 아버지, 사마천의 흉내를 냈던 것이다.

　하지만 5년에 걸쳐 1,500여 쪽에 달하는 방대한 책을 쓰고 보니, 막상 책이 출간된 이후에는 한동안 글자를 보기 싫은 증세에 시달리게 되었다. 6개월이라는 시간이 지난 후에야 나는 열전을 써야겠다는 생각을 다시 하게 되었다. 그렇지만 막상 책을 쓰려하니 막막했다. 우선 어떤 인물을, 그리고 몇 명이나 선정해야 하는가라는 난관에 봉착했다.

생각을 거듭하던 끝에 나는 '국방부 군사편찬연구소' 책임연구원인 남정옥 박사를 찾아갔다. 대한민국 군 역사 분야의 최고 권위자 중 한 사람인 남정옥 박사와 나는 서로 호형호제(呼兄呼弟)할 정도로 의기투합하는 사이다. 남 박사를 만난 나는 국군열전(國軍列傳)을 함께 써보는 것이 어떻겠냐고 말씀을 드렸다. 큰 기대를 한 것은 아니고 그냥 한번 던져본 말인데, 뜻밖에도 남 박사는 "나도 언젠가는 국군 인물사(人物史)를 총 정리하고 싶었다."며 내 제안을 흔쾌히 받아들였다.

우리는 몇 날 동안 의논을 한 끝에 백여 명의 명단을 작성했다. 그리고 십 년이 걸릴지 이십 년이 걸릴지 알 수 없으나, 남은 삶 동안 열심히 써보자는 약속을 했다. "시작은 두 사람이 하지만 앞으로 다른 학자들이 참여한다면 예상 외로 빨리 끝낼 수도 있지 않겠는가." 하는 희망과 함께 우선 일을 저지르기로 했다.

먼저 내가 제7대 해군참모총장을 지낸 함명수 제독의 이야기를 쓰는 것으로 대장정(大長征)을 시작하기로 했다. 함명수 제독은 인천상륙작전 바로 직전에 적진인 월미도와 인천에 침투하여 북한군의 정보를 빼냄으로써 작전이 성공적으로 완수되도록 공헌한 인물이다. 세간에는 잘 알려지지 않았지만, 인천상륙작전의 숨은 주역인 것이다.

국방TV PD인 나는 지난 2010년, 국군의 역사를 총 26시간으로 정리하는 '국군연대기'라는 다큐멘터리를 만들었다. 그 다큐멘터리를 만든 경험이 있었기에 '실록 대한민국 국군 70년, 本紀'도 쓸 수 있었던 것이다. '국군연대기'를 제작하는 과정에서 나는 48명의 군 원로들을 인터뷰 촬영했는데, 함명수 제독도 그분들 중의 한 명이다.

그것이 인연이 되어 나는 그 후에도 함 제독을 종종 만나 인터뷰 촬영을 하게 된다. 함 제독과 여러 차례 인터뷰를 하는 과정에서, 나는 인천상륙작전을 비롯한 수많은 작전과 사건에서 제대로 알려진 사실과 잘못 알려진 사실들을 구분할 수 있게 되었다. 또한, 세간에 알려지지 않은 사실들도 많이 알게 되었다. 이것이 내가 함 제독을 '국군열전'의 첫 번째 주인공으로 선정한 이유다.

인천상륙작전은 육군 위주의 작전이 아니라 해군이 총 지휘한 작전이다. 맥아더 원수는 작전을 총기획한 사람일뿐, 작전을 수행한 미 제7합동기동부대를 지휘한 실질적인 인물은 미 제7함대 사령관인 스트러블 제독이었다.

또한, 인천상륙작전은 UN군만의 작전이 아니라 우리 해병대 제1연대(연대장 신현준 대령)와 육군 제17연대(연대장 백인엽 대령)가 참전하여 큰 역할을 해낸 작전이다. 어디 그뿐이랴. 인천상륙작전이 성공적으로 수행되는 배경에는 우리 해군 첩보부대의 활약이 숨어있다.

인천상륙작전 성공의 시발점이었던 X-ray작전과 그 작전을 총지휘한 함명수 제독, 나는 인천상륙작전의 숨은 주역인 그들을 역사 속에서 다시 끌어내려고 한다. 이제 주사위는 던져졌다. "네 시작은 미약하였으나, 네 나중은 심히 창대하리라."는 성경의 한 구절을 곱씹으며,

나는 '국군열전'의 첫 번째 책을 세상에 내놓는다. 창군(創軍)과 6·25전쟁, 그리고 대한민국 발전 과정에서 얼마나 많은 '참 군인' 들이 나라를 위해 노심초사했는지를 알리는 데 이 책이 조금이라도 도움이 되었으면 한다.

― 2016년 봄, 남산 자락 두텁바위 마을의 누옥에서

목 차

07	저자 서문
17	인천상륙작전의 서막
18	맥아더의 인천상륙작전 구상
23	Lee작전
28	X-ray작전
37	인천상륙작전
44	수학을 잘하는 수재 소년
47	광복과 해방병단 창설
51	소년, 해군병학교에 입교하다
62	운명의 충무공정
68	대한민국 정부 수립
70	해군 정보 분야의 총수가 되다
72	몽금포작전
82	대한해협해전
89	육군 제17연대 구출작전
92	6·25전쟁과 해군 작전
98	704함 침몰과 정보감 사퇴

105	미 해군 제95기동부대 파견근무
108	영국 해군에게 폭뢰주를 배우다
112	함장으로 복귀하다
116	30세에 별을 달다
122	술을 다스릴 줄 아는 무인
124	새싹계획과 함명수
133	5·16과 함명수
137	구축함 해군의 시대가 열리다
141	제3공화국 출범
143	36세에 해군참모총장이 되다
165	해군 사상 가장 청렴한 총장
168	군복을 벗고 사회로 나서다
174	국회의원이 되다
176	베트남 공산화와 UN 참전국 감사사절단
187	함명수를 말한다

194	이력과 경력 / 상훈
197	참고문헌
198	인명색인

인천상륙작전의
숨은 주역

—

함명수

인천상륙작전의 서막

 1950년 8월 24일 새벽, 어둠을 틈타 인천의 관문인 영흥도에 17명의 청년들이 잠입했다. 이들은 함명수(咸明洙·당시 22세) 소령이 지휘하는 해군첩보부대 요원들이었다. 이들의 임무는 영흥도를 거점으로 삼고 월미도와 인천에 잠입하여 인천상륙작전에 필요한 정보를 수집하는 것이었다. 이들의 어깨에 인천상륙작전의 성패(成敗) 여부가 달려 있었다. 함명수를 비롯한 17명의 해군첩보부대 요원들이 영흥도에 잠입한 배경은 다음과 같았다.

맥아더의 인천상륙작전 구상

　북한군이 기습남침을 자행한 지 3일 만인 1950년 6월 28일, 대한민국의 수도 서울이 함락 당했다. 그리고 다음날인 6월 29일 오전 10시 39분, 미극동군사령관 맥아더(Douglas MacArthur·당시 70세) 원수가 일본 도쿄에서 자신의 전용기인 바탄(Bataan)호를 타고 날아와 수원비행장에 도착했다. 전선의 급박한 상황을 직접 확인하기 위해서였다. 이승만 대통령과 무초(John Joseph Muccio) 주한 미 대사의 영접을 받은 맥아더는 전방지휘소(6월 28일에 설치)로 이동하여 지휘소 단장인 처치(John H. Church) 준장에게 상황을 보고받은 후, 한강변으로 이동하여 전선을 시찰했다.

수원비행장에 도착한 맥아더

맥아더의 한강방어선 시찰은 6·25전쟁의 판세를 바꾼 획기적인 사건이었다. 한국군과 북한군의 전력, 그리고 전쟁의 상황을 자신의 눈으로 확인한 맥아더가 "이젠 한국군만으로는 안 되겠다. 미군이 들어오되 해군·공군만으로도 안 되겠다. 반드시 미군 지상군이 들어와야 이 사태를 해결할 수 있다."는 판단을 내린 것이다.

맥아더는 도쿄로 돌아가자마자 미 국방부에 "한국군은 반격작전의 능력이 없고, 더욱 위험한 상황이 전개되고 있으며, 적의 돌파가 지속된다면 남한은 무너질 것이다. 현재의 전선을 유지하기 위한 유일한 방법은 미 지상군을 투입하는 것이다. 이를 위해 일본에 주둔 중인 4

개 사단 중 2개 사단을 파병할 필요가 있다."라고 보고했다. 이 보고서가 결국은 트루먼(Harry S. Truman) 대통령을 움직였고, 미군을 비롯해 UN군이 파병되어 한민족 5천 년 역사에 있어서 가장 위험했던 순간을 막아내는 단초 역할을 했다. 맥아더의 보고를 받은 트루먼이 6월 30일, 미 지상군 투입을 결정하고 맥아더에게 그 사실을 통보했던 것이다. 그런 점에서 맥아더의 한국전선 시찰은 대단히 큰 역사적 의미를 지니는 것이었다.

또한, 맥아더 원수는 전선시찰을 하던 그날 이미 인천상륙작전을 결심했다고 한다. 당시의 상황으로 볼 때 미군이 참전하기 전까지, 그리고 참전한 후에도 일정기간 동안 한국군이 밀릴 것은 명약관화했다. 전세를 단번에 뒤집기 위해서는 북한군의 후방에 사단 규모의 병력을 상륙시켜 적의 병참보급선을 끊는 상륙작전이 필요하다고 본 것이다.

7월 1일, 미 지상군 선발대가 부산 수영비행장에 도착했다. 일본 규슈(九州)에 주둔하고 있던 미 24사단 예하 21연대 1대대, 일명 스미스 부대였다. 이때부터 충분한 규모의 미군과 UN군 병력이 들어올 때까지 북한군의 진격을 최대한으로 저지하는 지연전이 전개되었다.

1950년 7월 2일, 대전역에 도착한 스미스부대

　북한군에게 밀려 철수를 거듭하던 국군과 UN군은 8월 초, 급기야 낙동강까지 밀려 내려갔다. 이제 대한민국 영토는 대구를 중심으로 하여 동쪽과 서쪽으로 마산과 포항을 잇는 한 줌의 땅만 남게 된 것이다. 미 8군사령관 겸 UN지상군사령관인 워커(Walton H. Walker) 중장은 전 전선에 'Stand or Die', 즉 낙동강에서 한 치도 물러나지 말고 끝까지 싸우라는 전선 사수의 명령을 하달했다. 이른바 낙동강방어선이 형성된 것이다.

　이때 아군의 전투부대는 국군 5개 사단과 미군 3개 사단으로 총 8개 사단이었다. 워커 장군은 왜관을 중심으로 동쪽으로 포항까지 Y선을 설정하여 국군(제1, 6, 8, 수도, 3사단)이 방어하게 했고, 남쪽으로 함안까지 X선을 설정하여 미군(제25, 24, 1기병사단)이 담당하도록 했다. 이후 국군과 UN군은 낙동강방어선에서 북한군과 치열하게 일진일퇴를 벌였다.

하지만 이 절체절명의 순간, UN군사령부에서는 크로마이트 작전(Operation Chromite), 즉 인천상륙작전이 은밀하게 진행되고 있었다.

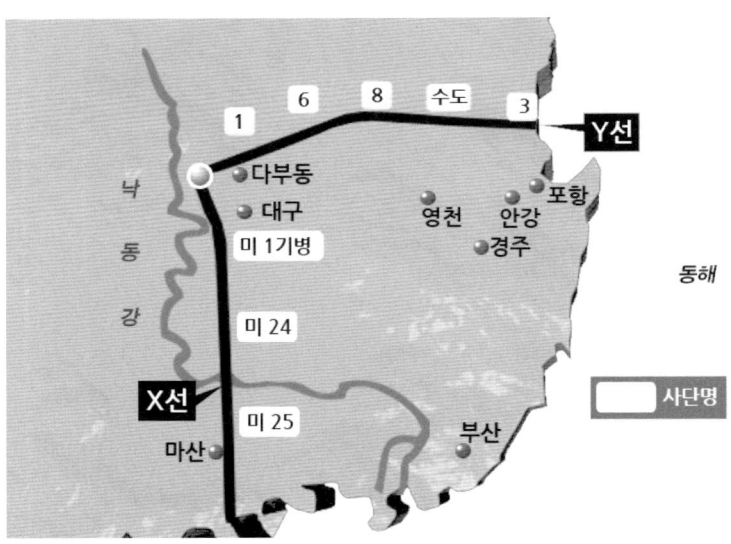

낙동강방어선(출처: 백선엽 회고록 '내가 물러서면 나를 쏴라')

Lee작전

최초의 미 해군 고문관 루시 중령
(대령 시절의 사진)

맥아더가 인천상륙작전을 최종으로 확정한 날은 1950년 8월 12일이었다. 바로 이날 맥아더는 대한민국 해군 고문관인 루시(Michael J. Lousey) 중령을 손원일(孫元一·당시 41세) 해군총참모장(1954년 5월부터 총참모장 명칭이 참모총장으로 변경)에게 보내 인천 지역의 첩보를 수집하라고 지시했다. 인천 지역으로 잠입하여 북한군의 배치 현황과 방어진지, 보급선과 보급 현황, 인천항으로 들어가는 해로에 매설한 기뢰 여부, 상륙지점의 지형, 인천항의 안벽 높이, 밀물과 썰물 때의 해안의 길이 등을 탐지하여 보고하라는 내용이었다.

당시 미군이 가지고 있던 인천에 대한 지리적인 정보는 그 시점으로부터 5년 전의 것이었다. 일본군의 무장을 해제하고 남한 지역에서 군정(軍政)을 실시하기 위해 1945년 9월, 인천항에 입항했을 때 수집한 것이 전부였던 것이다. 해도(海圖)와 항공촬영 사진도 그 이후의 변화가 반영되지 않은 상태였다. 더구나 북한군이 인천을 점령한 후에 어떤 군사시설들을 구축했는지 정확하게 파악할 수 없었던 상황이었다. 결국 과학적인 방법으로 할 수 없는, 즉 사람이 직접 가서 보고 듣고 확인하는 '인간정보(HUMINT: Human Intelligence)'가 필요했다.

처음 맥아더 사령부는 미군 첩보부대의 투입을 고려했었다. 하지만 한국말이 서툴고 인천의 지리에 밝지 못한 점을 감안해 한국 해군에게 임무를 맡기기로 한 것이다. 루시 중령과 헤어진 손원일은 곧장 부산의 경무대로 달려갔다. 손원일은 이승만(李承晩·당시 75세) 대통령에게 맥아더가 추진하고 있는 인천상륙작전에 대해 보고했다. 보고를 들은 이승만은 매우 만족해했다.

"손 제독, 잘해주시오. 정보를 잘 수집해서 맥아더의 인천상륙작전이 반드시 성공하도록 힘써야 할 것이오. 우리의 생사가 이 작전에 달려 있습니다."

보고를 마치고 해군본부로 돌아온 손원일은 해군 정보국장 함명수 소령을 은밀하게 불러 첩보수집 임무를 하달했다. 또한, 손원일은 임무를 원만하게 수행하기 위해서 먼저 인천 근해의 영흥도와 덕적도 등 몇 개 도서를 탈환해야 할 필요성을 느꼈다. 인천으로 가는 협수로(狹水路) 입구에 위치한 이 섬들은 인천상륙작전을 위해서 우선적으로 확보해야 할 중요한 요충지였다.

손원일은 8월 16일, 서해지구 해군 작전사령관이며 PC-702 금강산함 함장인 이희정(李熙晶) 중령에게 그 임무를 맡겼다. 작전명은 이희정 중령의 성을 따서 '리작전(Lee Operation)'이라고 명명했다. 이희정 중령은 PC-702·704함, YMS-513정, JMS-301·307·309정, PG-313정 등 각 함정에서 선발된 110명의 승조원으로 1개 중대의 상륙 육전대를 편성하고, 702함 작전관인 장근섭 중위를 중대장에 임명했다.

8월 18일 오전 6시 15분, 캐나다 구축함 아다바스칸(Athabaskan)의 함포 지원사격을 받으며 해군 육전대가 덕적도 상륙작전을 개시했다. 상륙부대가 덕적도를 탈환한 시각은 오후 2시였다. 육전대는 이 작전에서 적 26명을 사살하고 7명을 포로로 잡았으며, 구금돼있던 주민 9명을 구출했다. 아군의 피해는 전혀 없었다. 덕적도를 탈환한 육전대는 섬에 남아 있던 애국 청년들로 청년의용대를 조직하여 섬의 방어와 치안을 담당하게 한 후 8월 19일 오후 9시에 철수했다.

8월 20일에는 대이작도와 영흥도에서 동시에 상륙작전을 실시하여 8월 21일, 양쪽 모두 섬을 완전히 장악하는데 성공했다. 대이작도에서는 적 7명을 사살하고 24명을 생포하였고, 영흥도에서는 6명을 사살하고 33명을 생포하였으며, 각종 무기 28정과 탄약 1,000여 발을 노획하는 전과를 올렸다. 하지만 영흥도에서는 아군 4명이 전사하고 7명이 부상하는 피해를 입었다. 육전대는 덕적도에서 했던 것과 마찬가지로 청년들과 주민들의 협력을 얻어 치안을 확보한 후 8월 24일에 철수했다. 이로써 Lee작전은 성공적으로 완수되었다.

영흥도의 해군 육전대원들(1950. 8. 20.)

한편, 이희정 중령은 대원들을 팔미도에 보내 북한군이 주둔하고 있는지를 확인했다. 인천 해안으로 들어가려면 덕적도와 영흥도 사이에 있는 2개의 수로를 이용해야 하는데, 이 수로들은 팔미도 앞 쪽에서 합류한다. 그리고 팔미도에서부터 인천항 앞 월미도까지 약 15㎞는 하나의 수로를 이용하여 북상해야 한다. 그런 까닭에 팔미도에는 무인등대가 설치되어 있었다. 확인해본 결과 팔미도에는 북한군이 없었다.

  이희정 중령으로부터 이 사실을 보고받은 UN군 봉쇄작전 사령관 앤드류스 제독(영국 해군 소장)은 캐나다 구축함 아다바스칸호의 함장에게 팔미도 등대 안에 설치된 통신시설을 파괴하라고 명령했다. 8월 20일, 아다바스칸호의 상륙반원들이 인천 수로 상에 유일하게 무인등대가 설치되어 있는 팔미도에 상륙하여 등대 내의 통신 시설을 파괴했다.

X-ray작전

X-ray작전 당시의 함명수 소령

한편, 8월 12일에 첩보 임무를 부여받은 함명수 소령은 바로 그날부터 대원 선발에 들어갔다. 먼저 해군 정보국에서 특수 공작 임무를 담당하고 있는 '해양공사 팀'의 선임장교 김순기 중위를 불렀다. 그는 인천경비사령부에서 근무할 때 경인지역의 정보 수집 임무를 맡았던 유능한 장교였다. 김순기 중위에게 "2~3일 안에 신임하는 하사관 4~5명을 선발하여 특공대를 조직하라."고 지시한 후 임병래 소위와 장정택 소위를 따로 불러 똑같은 임무를 부여했다. 세 장교 모두에게 비밀유지를 단서로 붙여 그들이 서로의 임무를 모르도록 한 것은 물론이다.

세 장교가 대원들을 모으는 동안 함명수는 첩보전에 필요한 무기와 장비, 식량 등을 확보하기 시작했다. 활동자금으로 쓸 북한 화폐도 마련했다. 세 장교들로부터 조직 완료 보고를 받은 8월 16일 저녁, 함명수는 해양공사 사무실에서 세 팀을 소집했다. 첩보대는 함명수를 비롯하여 정보장교 김순기 중위와 임병래 소위, 장정택 소위, 정보국 소속의 정성원·박원풍·차성환·한유만·홍시욱 등 하사관 13명을 포함해서 모두 17명으로 구성됐다. 가볍게 소주를 나눠 마신 후 대원들은 머리카락과 손톱, 발톱을 깎아 각자의 사물함에 넣었다. 작전 중에 전사할 수도 있으니 신체의 일부나마 유족들에게 남기기 위해서였다. 일명 X-ray작전이 시작되는 순간이었다.

이틀 후인 8월 18일 01시, 자갈치 시장에 모인 대원들은 어선 백구(白鷗)호를 타고 극비리에 영흥도를 향해 출발했다. 함명수는 그때까지도 인천상륙작전이 실시될 것이라는 사실은 물론 목적지조차 대원들에게 알리지 않았다. 그만큼 철저하게 비밀을 유지했던 것이다. 비밀유지 때문에 파혼을 당한 사람도 생겼다.

> "뒤에 알게 된 일이지만 그때 한참 열애에 빠져있던 장정택 소위는 약혼녀에게 아무 연락도 못하고 떠나는 바람에 결국 파혼을 당했다. 결혼식과 신접살림 준비로 한창 바쁜 시기에 예비신랑이 사라져 버렸으니, 어찌 깨지지 않을 수 있었겠는가. 전시의 군인에게는 언제나 있을 수 있는 일이겠지만, 가슴 아픈 사랑 이야기다."[1]

----

1) 함명수, 「바다로 세계로」, p. 93.

8월 20일, 배가 변산반도 부근을 지나가고 있을 때 임병래 소위가 함명수에게 파란 봉투 하나를 내밀었다. 봉투를 열어보니 중령 계급장이 들어 있었다. 부산을 떠나기 전 임시중령 진급이 상신되었다는 말을 들었는데, 정보를 다루는 사람들답게 대원들도 그 소식을 알고 있었던 것이다. 함명수의 용기를 북돋워주기 위해 배에 오르기 전에 대원들이 준비한 계급장이었다.

무심히 손바닥 위의 계급장을 내려다보던 함명수가 돌연 계급장을 바다에 던져버렸다. 살아 돌아올 기약 없이 적진을 향해 가는데 진급이 무슨 소용인가 하는 마음이 들었던 것이다. 중국의 전국시대(戰國時代) 말엽에 진왕(秦王) 정(政: 후일의 진시황)을 죽이기 위해 역수(易水)를 건너면서 연(燕)나라 자객 형가(荊軻)가 읊었다는 "풍소소혜역수한(風蕭蕭兮易水寒), 장사일거혜불복환(壯士一去兮不復還): 바람이 소슬하니 역수의 물이 더욱 차네, 사나이 한 번 가면 다시 돌아오지 못하리."라는 한시(漢詩)의 구절이 떠오를 만큼 비장함이 느껴지는 대목이다.

8월 23일 밤, 백구호가 드디어 영흥도 근해에 이르렀다. 함명수는 그때서야 대원들에게 인천상륙작전과 첩보부대의 임무를 알려줬다. 그만큼 철저하게 비밀을 유지했던 것이다. 8월 24일 01시 30분, 첩보대는 영흥도 십리포 해안에 상륙했다. '리작전'의 성공으로 영흥도는 대한민국 해군의 영향력 아래에 있었다. 한봉규 병조장이 지휘하는 30명 규모의 청년 의용대가 섬을 경비하고 있었으며, 섬의 주변으로는 해군

함정들이 순회하면서 위력 시위를 하고 있었다.

초등학교의 한 교실을 본부로 정한 첩보대원들은 그날부터 인천뿐만 아니라 수원과 서울 근교까지 드나들며 정보를 수집하기 시작했다. 함명수는 임무를 효과적으로 수행하기 위해 대원들을 3개조로 나눴다. 장정택 소위가 지휘하는 1개조에게는 본부에서 통신 및 첩보를 분석하도록 하고, 김순기 중위와 임병래 소위의 팀에게는 인천 등지로 잠입해 첩보를 수집하는 임무를 맡겼다.

8월 24일 밤, 함명수는 김순기와 임병래를 인천에 침투시켰다. 송도 해안에 도착한 그들은 김순기가 과거 인천경비부에서 근무할 때 정보원으로 활용됐던 권 씨를 찾아갔다. 그는 인천에서 주먹깨나 쓰는 건달 출신이었는데, 미처 피난을 가지 못하고 북한군의 보안서원으로 부역(附逆)을 하고 있었다. 그의 집을 찾아간 김순기와 임병래는 집 주변에서 권 씨가 돌아오기를 기다렸다. 자정이 지날 무렵 어깨에 따발총을 멘 권 씨가 돌아오는 것이 보였다. 권 씨가 집안으로 들어서려 할 때 임병래가 쫓아가 그의 옆구리에 권총을 들이밀었다.

임병래는 "권 형, 김순기 중위를 잘 아시지요. 그 사람을 구하러 온 사람입니다."라며 슬쩍 권 씨를 떠보았다. 공포에 얼굴이 하얗게 질렸던 권 씨는 김순기 중위의 이름을 듣자 안심이 되는 듯 "김 중위님도 피난을 못 갔습니까? 저도 살기 위해서 북한군에게 협조를 하고 있을 뿐입니다. 김 중위님 일이라면 기꺼이 돕겠습니다."라고 대답을 했다. 그때서야 김순기 중위가 모습을 드러냈다.

김순기와 임병래는 권 씨와 그의 부인을 데리고 영흥도로 돌아왔다. 밤새도록 심문을 한 함명수는 권 씨가 살기 위해서 북한군에 협조를 하고 있을 뿐이지 변절을 한 것은 아니라는 결론을 내렸다. 8월 25일 아침, 함명수는 권 씨를 인천으로 돌려보냈다. 그날 밤, 권 씨가 김순기 중위의 휘하에서 활동했던 또 한 명의 정보원인 김 씨를 데리고 영흥도로 돌아왔다. 역시 보안서원으로 부역을 하고 있던 김 씨는 자신이 변절하지 않은 것을 증명이라도 하려는 듯 부인까지 대동하고 권 씨를 따라왔다.

이후 권 씨와 김 씨는 첩보대의 활동에 많은 도움을 제공했다. 첩보대원들에게 가장 필요한 것은 통행증이었다. 통행증이 없으면 첩보 수집 활동에 제한을 받을 수밖에 없었다. 권 씨와 김 씨가 그 문제를 해결해주었다. 그들이 대원들의 통행증을 모두 만들어왔던 것이다.

그때부터 첩보대원들은 인천을 자유로이 드나들며 정보를 수집하기 시작했다. 함명수는 김순기 중위와 임병래 소위를 아예 인천에 상주하게 했다. 김순기는 권 씨의 친척집에 잠입하였으며, 임병래는 김 씨의 집에 하숙인으로 위장하여 머물렀다. 다른 대원들도 대담하게 수원과 서울 근교까지 드나들며 정보를 수집했다.

가장 중요한 것은 인천의 관문인 월미도의 해안 방어시설을 파악하는 것이었다. 고심을 거듭하던 함명수는 첩보대원들을 아예 월미도 해안도로 보수 공사장과 방어진지 구축 공사장에 인부로 위장취업을 시켰다. 김순기와 임병래도 공사장 인부로 취업하여 직접 정보를 수집했다. 어떤 때는 북한군으로 위장을 하고 인천 일대를 누비기도 했고, 어떤 때는 경인가도 도로 보수 공사장의 노무자로 위장해 지나가는 병력과 장비의 이동상황을 탐지하기도 했다. 해안 포대의 위치와 수, 규모, 병력 배치 등 각종 고급정보가 대한민국 해군본부를 거쳐 속속 맥아더사령부에 보고됐다.

월미도 해안에는 4문의 고사포와 400명의 병력이 있다. 소월미도에는 25정의 기관총과 5문의 포가 있다. 인천항 부두 안벽 참호진지에는 1개 중대의 병력이 있다. 월미도 양측에 4~5정의 기관총이 설치되어 있고, 남측에도 2정의 기관총이 있다. 보병용 참호진지는 해안선에서 몇 피트 뒤에 구축됐다. 월미도 큰 건물 탑 속에 포병 CP가 있다. 월미도 정면에 20문의 해안포가 있으며, 콘크리트 참호진지와 터널이 사방으로 뚫려있다 등등…….[2]

한편, 우리 해군의 첩보부대 외에도 또 한 팀의 첩보대가 가동되고 있었다. 미 해군 정보장교 클라크(Eugene F. Clark) 대위의 팀이었다. 클라크 대위는 수병 출신에서 대위까지 진급한 인물로서 태평양전쟁 때 여러 차례에 걸쳐 상륙작전에도 참전한 노련한 정보 전문가였다. 8월 26일에 인천상륙작전을 위한 정보수집 임무를 부여받은 클라크는 8월 31일, 2명의 통역과 함께 일본 사세보 항에서 영국 구축함 채리티(Charity)호에 승선했다.

---

2) 함명수, 「바다로 세계로」, p. 101.

덕적도 근해에서 한국 해군의 PC-703 삼각산함(함장 이성호 중령)에 옮겨 탄 클라크 일행은 9월 1일, 영흥도의 함명수 첩보부대와 합류했다. 함명수는 그동안 수집해놓은 수많은 중요 정보들을 클라크에게 넘겼다. 클라크 대위 일행이 합류함으로써 그동안 함명수가 신경을 많이 썼던 통신보안문제가 해결됐다. 이제부터는 수집한 정보를 대한민국 해군본부를 경유하지 않고 클라크 대위에게 직접 넘겨주면 되었기 때문이다.

인천상륙작전 D-day를 이틀 앞둔 9월 13일, 영흥도의 해군 첩보부대에게 철수명령이 내려졌다. 그동안 정이 들었던 영흥도 주민들과 아쉬운 작별의 인사를 나눈 대원들은 인천 근해에 와있는 함정으로 철수를 하였다. 하지만 잔무(殘務) 처리를 위해 임병래 소위와 홍시욱 삼등병조(현재의 하사에 해당) 등 6명의 첩보대원은 섬에 남았다.

그런데 인천상륙작전 D-day를 하루 앞둔 9월 14일, 불행한 사건이 발생했다. 대부도에 주둔하고 있던 북한군의 대대 병력이 9월 14일 0시경, 영흥도로 쳐들어 온 것이다. 영흥도에는 임병래 소위를 비롯한 해군 첩보부대원 6명과 영흥도 청년 의용대원 30여 명만이 남아 북한군을 맞아 치열한 전투를 벌였다.

정규군과 싸울 정도의 무장을 갖추지 못했던 수많은 청년의용대원들이 전사했으며, 첩보부대원들은 북한군에게 쫓기고 쫓긴 끝에 십리포 해안에 다다랐다. 이제 더 이상 도망갈 곳도 없었다. 임병래 소위와 홍시욱 삼등병조가 적과 교전하는 동안 4명의 첩보대원들은 숨겨놓은 보트를 타고 구사일생으로 영흥도를 탈출했다. 하지만 적에게 포위된 임병래 소위와 홍시욱 삼등병조는 기밀을 지키기 위해 자결을 선택하고 말았다. 다음은 당시 대학교 1학년 학생으로서 의용군에 참전했던 임승렬(林承烈) 씨가 1983년 11월에 중앙일보와 인터뷰한 내용이다.

"처음 진두리에서 북한군과 싸우다 10여 리를 후퇴하여 십리포 쪽으로 갔는데, 적은 개미 떼처럼 쫓아옵디다. 민간인인 나와 몇 사람은 숲 속에 숨었는데, 임병래 소위와 홍시욱 병조는 이제 마지막이라고 판단했던가 봐요. 홍 병조는 소총으로 추격해오는 적을 사살하다가 총구를 가슴에 대고 발가락으로 방아쇠를 당겨 자결합디다. 임 소위도 45구경 권총으로 적 3명을 거꾸러뜨리고 권총을 이마에 대고 자결하고요. 이렇게 두 분이 용감하게 싸우다가 장렬하게 자결하는 것을 얼마 떨어지지 않은 숲 속에서 똑바로 보았지만, 어쩔 도리가 없었어요. 두 분은 자결 직전에 모두 대한민국 만세를 외칩디다."

이후 정부는 그들에게 각각 1계급 특진과 을지무공훈장을 추서했고, 미국 정부도 외국군에게 주는 최고의 무공훈장인 은성무공훈장(Silver Star)을 추서했다. 고인들의 유해는 해안가에 가매장되었다가 1960년대 초 국군묘지(국립현충원)에 이장됐다. 임병래(林炳來) 중위는 19묘역 5판 063호, 홍시욱(洪時旭) 이등병조(중사와 하사 사이의 계급)는 21묘역 1448호에서 영면하고 있다. 임병래 중위는 1999년 8월, 홍시욱 이등병조는 2005년 9월에 '호국의 인물'로 선정되었다.

1999년 8월, 호국의 인물로 선정된 임병래 중위. 오른쪽 아래 사진은 홍시욱 하사의 묘소를 찾은 함명수 제독.

# 인천상륙작전

　1950년 8월 30일, 미 8군사령관 워커 장군이 미 8군의 주요 참모와 각 사단장, 그리고 국군의 육해공군 총참모장 3인을 긴급회의에 소집하여 '크로마이트 작전', 즉 '인천상륙작전' 계획을 통보했다. 인천상륙작전을 수행할 미 제7합동기동부대(미 제7함대 사령관 스트러블 제독이 사령관 겸임)는 미 극동해군 제7함대, 그리고 미 제1해병사단, 미 제7보병사단으로 편성된 미 제10군단이었다.

Joint Task Force Seven

**Commander Joint Task Force Seven
and Commander Seventh Fleet
Vice Admiral A.D. Struble US Navy**

TF 90 Attack Force: J.H. Doyle, Rear Admiral US Navy

TF 91 Blocade and Covering Force: Sir W.G. Andrewes, Rear Admiral Royal Navy

TF 92 X Corps: E.M. Almond, Major General US Army

TF 99 Patrol and Reconnaissance Force: G.R. Henderson, Rear Admiral US Navy

TF 77 Fast Carrier Force: E.C. Ewen, Rear Admiral US Navy

TF 79 Service Squadron: B.L. Austin, Captain US Navy

* 인천상륙작전의 공식명칭은 제7합동기동부대 (Joint Task Force Seven)이며, 사령관은 7함대사령관 (Commander Seventh Fleet) A.D. Struble 제독이 겸무하였다.

* 한국 해군은 Task Force (TF) 91에, TF 92에 배속된 1st Marine Division (Reinforced)과 7th Infantry Division (Reinforce)에 한국해병대 (미해병 1사단)와 한국육군 17연대 (미보병 7사단)가 각각 배속되었다.

제7합동기동부대

이때까지만 해도 이 작전에 참전할 한국 측 부대는 해병 제1연대(미 해병 1사단에 배속)뿐이었다. 이에 정일권 육군총참모장이 미군 측에게 상륙작전과 서울 탈환작전에 국군의 육군 부대가 배제되어서는 안 된 다고 강력히 요청했다. 그래서 육군 제17연대(미 7사단에 배속)도 참전하는 것으로 결정됐다. 미 극동해군 제7함대, 그리고 제1해병사단, 제7보병사단, 거기에 한국 해병대 제1연대(연대장 신현준 대령)와 육군 제17연대

(연대장 백인엽 대령)로 구성된 한미연합군이 인천상륙작전과 서울탈환작전에 투입되게 된 것이다. 인천상륙작전에 참전한 함정은 8개국 군함 261척으로 미 해군과 한국 해군을 비롯하여 영국, 캐나다, 호주, 뉴질랜드, 프랑스, 네덜란드의 군함이 동원되었고, 참전병력은 7만 5천여 명에 달했다.

인천상륙작전의 개념은 다음과 같았다. 우선 해군의 포격과 폭격으로 상륙지점의 북한군을 무력화시킨 다음, 돌격부대인 미 해병 1사단(국군 해병 1연대 포함)이 인천에 상륙하여 해안에 교두보를 확보하고 인천 시가지를 점령한다. 이어 신속하게 김포공항을 접수한 후 한강을 도하하여 서울을 탈환하고 북쪽의 고지들을 확보한다. 한편, 후속부대인 미 7사단(국군 17연대 포함)은 미 해병 1사단의 우측(남쪽)으로 기동하여 서울의 남쪽 고지들과 한강의 남쪽 제방을 점령한다. 또한, 미 7사단의 일부 병력은 수원방면으로 진출하여 낙동강전선에서 밀고 올라올 미 8군과 연결한다는 것이었다.

9월 13일, 인천해역에 집결한 아군이 예비 작전을 개시하였다. 항공모함에서 발진한 함재기들이 인천 해안 지역을 폭격하기 시작했으며, 순양함과 구축함들의 함포도 일제히 불을 뿜었다. 이날 히긴스(Higgins) 제독이 지휘하는 함포지원전대의 구축함 3척이 북한군의 해안포에 피격되었다. 그중 1척은 다음날의 작전에 참가할 수 없을 정도로 피해가 컸으며, 스웬슨 해군중위를 포함한 2명이 전사했다. 인천상륙작전 최초의 전사자들인 이들은 인천 앞바다에 수장(水葬)되었다.

포격과 폭격은 14일에도 계속되었다. 또 한편에서는 인천이 상륙 목표라는 것을 감추기 위한 양동작전(陽動作戰)이 전개되었다. 9월 12일, 미국과 영국의 혼성기습부대가 군산을 공격하였으며, 9월 14일과 15일에는 미 해군 함정들이 동해안의 삼척 일대에 맹포격을 가했다.

공격부대 기함 마운트매킨리 호에서 작전 상황을 지켜보는 맥아더 원수(가운데). 왼쪽에서 오른쪽으로 미 제7함대 사령관 스트러블 제독, 미 극동군사령부 작전참모부장 라이트 준장, 미 10군단장 알몬드 소장.

인천상륙작전의 D-day인 9월 15일 0시, 261척의 함정으로 구성된 대함대가 인천항 월미도를 향해 움직이기 시작했다. 05시, 항공모함에서 발진한 코르세어 함재기들이 월미도를 폭격하기 시작했다. 건너편 인천항의 해안포대에서 응사를 했지만, 아군의 순양함과 구축함들이 포문을 열기 시작하자 곧 잠잠해졌다. 당시 월미도와 소월미도에는 북한군 제918해안포연대 2대대의 2개 포대 병력과 제226독립육전대 예하 부대 병력 4백여 명이 주둔하고 있었다.

06시 31분, 상륙 선봉부대인 미 해병 5연대 3대대 병력이 월미도 해안에 상륙했다. 작전계획 상의 상륙시각인 06시 30분보다 1분 늦은 시각이었다. 이어 제2상륙부대와 제3상륙부대가 차례로 월미도 해안에 상륙했다. 북한군은 산기슭의 동굴 속으로 도망쳐 수류탄을 던지며 저항했다. 하지만 M-26 퍼싱 전차가 동굴 입구로 포탄을 발사하자 북한군들은 백기를 들고 걸어 나올 수밖에 없었다.

오전 10시경, 미 해병 5연대 3대대가 소월미도 진공작전을 시작했다. 소월미도에는 약 1개 소대의 북한군이 방어하고 있었지만, 1시간여의 격전 끝에 진압되었다. 월미도와 소월미도의 북한군 소탕작전은 정오경에 완전히 마무리되었다.

18시, 밀물시간에 맞춰 인천을 목표로 한 2차 상륙작전이 성공적으로 수행되었다. 미 해병 5연대와 한국 해병대 주력 부대가 인천의 만석동 적색해안(Red beach)에 상륙한 것이다. 이때 함명수는 손원일 총장을 수행하면서 상륙작전을 참관하고 있었다. 그는 그때 X-ray작전을 수행하던 중 전사한 임병래 소위와 홍시욱 삼등병조의 명복을 빌며 깊은 감회에 빠졌었다고 회고한다.

상륙작전에 성공한 한미연합군은 머뭇거림 없이 다음 단계로 넘어갔다. 연이은 함포사격과 해병대의 상륙으로 북한군은 처참하게 내몰렸다. 인천 시내에서 벌어진 맹렬한 시가전 끝에 9월 16일 새벽, 결국 북한군은 인천에서 모두 쫓겨났다.

9월 17일, 맥아더 원수가 스트러블(Arthur D. Strubble) 제독, 알몬드(Edward M. Almond) 10군단장 등 휘하 지휘관들을 대동하고 인천에 상륙했다. 이날 그는 손원일 해군총참모장에게 한국 해군과 해병대의 용맹성을 칭찬하며, "본인은 한국 해군의 우수성을 새롭게 인식하고 있습니다. 특히 해군 첩보부대의 활약은 훌륭했습니다. 그 첩보들은 나의 상륙작전 결심을 확고하게 해주었습니다. 애드미럴 손, 지금 이 자리에 없어서 유감입니다만 나는 그들(해군 첩보부대원)에게 미국의 은성훈장을 주도록 상신했습니다. 애드미럴 손과 신 사령관(신현준)도 포함돼 있습니다."라고 말했다.

인천상륙작전에서 우리 해군 첩보부대가 수행한 역할과 공헌이 어느 정도였는지는 맥아더를 포함한 작전의 지휘부를 제외하고는 알 수 없는 노릇이다. 하지만 자만심(自慢心) 강하고 오만(傲慢)하기로 둘째가라면 서러워 할 맥아더가 손원일 제독에게 한 말에 비추어볼 때 우리 해군 첩보부대의 활약 정도를 미루어 짐작해 볼 수 있을 것이다.

이때 함명수와 임병래, 홍시욱 3명이 외국군에게 주는 미국 최고의 무공훈장인 은성무공훈장을 받았는데, 불과 17명이 참여한 소규모의 작전에 실버 스타를 3개나 수여한 것은 미군에서도 그 예를 찾아볼 수 없는 파격적인 사건이라고 한다. 만약 해군 첩보부대의 정확한 정보 제공이 없었다면 맥아더와 UN군이 엄청난 피해를 입었을지도 모른다는 점을 감안해보면, 대한민국 해군이 수행한 X-ray작전은 아무리 강조해도 지나치지 않을 정도로 중요한 작전이었다고 할 것이다.

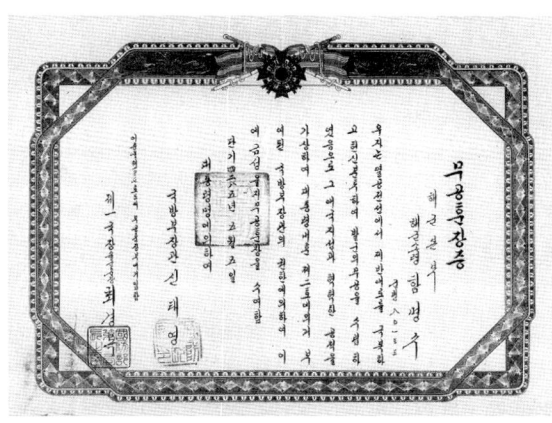 

함명수 소령이 수훈한 금성을지무공훈장과 미 은성무공훈장

인천상륙작전의 성공 소식은 낙동강에까지 전해져 9월 18일, 낙동강전선의 북한군이 붕괴되기 시작했다. 상황은 바뀌어, 이번에는 국군과 UN군이 북으로 진격했다. 이것은 인민군의 병참선과 퇴로를 한꺼번에 끊어 한강과 낙동강 사이의 인민군을 고립시킨 인천상륙작전의 힘이었다. 국군과 UN군은 전선을 위로 올리기 시작했다. 9월 28일에는 서울이 수복되었고, 10월 1일에는 김백일(金白一) 1군단장이 이끄는 3사단이 동부전선에서 38도선을 넘었다. 인천상륙작전 개시 후 약 보름 만에 38도선 이남지역을 모두 되찾은 것이다.

수학을 잘하는 수재 소년

X-ray작전의 주역 함명수 제독은 일제 강점기이던 1928년 2월 15일, 아버지 함광덕(咸光德)과 어머니 이옥녀(李玉女) 슬하의 4남 2녀 중 장남으로 평양 신리(新里)에서 태어났다. 함명수의 부친은 공무원이었으나, 평안남도 순천(順川)에서 밤나무 농장을 경영했던 할아버지 함이균(咸利均)의 도움을 받아 경제적으로는 비교적 여유가 있었다고 한다.

함명수 소년이 중학교 진학을 앞둔 어느 날 사촌 형 이병철 씨가 그에게 찾아왔다. 순천에 살고 있는 이병철은 기차로 평양 숭실상업학교에 통학하는 학생이었다. 이병철은 함명수에게 평양사범학교 입교 지원서를 주면서 다른 중학교보다 1개월 먼저 시험을 치르니 한 번 응시해보라고 권했다.

당시 평양사범학교는 최고의 수재들이나 갈 수 있는 학교였다. 일본은 메이지유신(明治維新·1868년) 이후 무지몽매한 일본인들을 근대적인 국민으로 교육시키기 위해 교사를 양성하는 사범학교 육성에 총력을 기울였다. 우수한 교사를 길러내기 위해 좋은 시설의 학교를 만들고,

머리 좋은 인재를 확보하여 집중적인 투자를 했다. 이렇게 양성된 교사들은 일본 각지로 퍼져나가 단기간에 일본인들을 근대화된 시민으로 변모시켜 나갔다. 당연히 사범학교 출신 교사는 일본에서 가장 안정되고 존경받는 직업이었다.

그것은 식민지인 조선에서도 마찬가지였다. 일본은 군국주의에 걸맞은 장교적인 소양을 갖춘 교사를 양성하여 조선 백성들을 일본의 입맛에 맞게 교육하겠다는 의도를 가지고 사범학교를 운용했지만, 어찌되었건 사범학교는 인기가 좋았다. 이들 학교를 졸업하고 교사가 되면 일약 존경받는 지식층이 될 수 있었기 때문이다. 따라서 사범학교는 엄청난 경쟁률을 뚫어야만 갈 수 있는 명문학교였다. 특히 경성사범학교와 평양사범학교는 그 중에서도 가장 인기가 있는 학교였다. 참고로 최초의 4성장군인 백선엽(白善燁) 장군도 평양사범학교 출신이다.

무난하게 입학시험에 합격한 함명수는 1942년 4월, 평양사범학교에 입학했다. 하지만 함명수는 1학년 때부터 낙제의 위기에 처하게 된다. 평양사범학교를 졸업하면 소학교의 선생으로 재직을 하게 된다. 때문에 학생들은 모든 과목을 골고루 잘해야 했다. 그렇지만 함명수는 음악(音樂)과 서도(書道)에 소질이 없어서 낙제점수를 받고 말았다. 심지어 일본인 음악선생이 "자네는 사범학교에 잘못 온 것 같다."는 말을 했을 정도였다고 한다.

함명수를 구제해준 사람은 함명수의 담임을 맡고 있던 미야자키(宮崎) 선생이었다. 함명수의 수학(數學) 성적이 타의 추종을 불허할 정도로 월등했기 때문이었다. 미야자키는 음악선생과 서도선생을 찾아가 "함 군은 오히려 월반(越班)을 시켜야 할 수재인데, 과목낙제가 웬 말이냐?"며 적극적으로 함명수를 두둔하고 나섰다.

또 한 명의 은인은 후일 국어학자로 명성을 떨친 이숭녕(李崇寧·서울대학교 문리과 대학원장 역임) 선생이었다. 그는 함명수에게 "졸업 후 고등사범학교에 진학하여 중학교 수학선생을 하면 된다."고 의기소침해있는 함명수를 격려했다. 심지어 2학년 때에는 함명수를 자기 반으로 데려갈 정도로 함명수의 비범성을 사랑했다. 그는 함명수의 인생관과 진로에 상당한 영향을 끼친 인물이었다.

광복과 해방병단 창설

함명수가 평양사범학교 4학년에 재학 중이던 1945년 8월 15일, 한반도는 감격으로 들끓었다. 일본 국왕 히로히토가 미국을 비롯한 연합군 측에게 무조건 항복을 선언한 것이다. 이로써 35년 동안 지속된 일제강점기의 사슬을 끊고 우리 민족은 다시 자유의 빛을 찾았다. 하지만 자력이 아니라 외세에 의해 이루어진 광복은 또 다른 비극을 잉태하고 있었다. 민주진영과 공산진영의 양대 종주국인 미국과 소련의 이해관계 때문에 국토와 민족이 38도선을 기준으로 남과 북으로 분단되고 만 것이다.

만주를 거쳐 파죽지세로 한반도에 진출한 소련군이 8월 22일, 마침내 한반도 북부의 중심도시 평양에 진입했다. 북한 지역에 진주한 소련군은 일본군을 무장 해제시키고, 차곡차곡 자신의 입맛에 맞는 공산주의(共産主義) 정부를 세우는 작업을 진행시켜나갔다. 이와는 달리, 미군의 진주가 늦어진 남한에서는 무질서가 극에 달했다. 자연히 정권을 잡기 위한 유력 인사들의 정당 창당이 봇물을 이루었고, 민족진영과 공산진영의 좌우 대립이 심화되기 시작했다.

9월 8일, 한반도에서 가장 가까운 오키나와에 주둔하고 있던 미 제24군단 선발대(군단 지휘부와 제7사단)가 인천에 상륙했다. 그리고 그다음 날인 9일 오전 8시경, 시민들의 열렬한 환영을 받으며 서울로 들어왔다. 그들은 38도선 이남에 남아있던 일본군의 무장을 해제시켰고 우리 국민은 새로운 미래를 꿈꾸기 시작했다.

이렇게 한반도의 남과 북을 미군과 소련군이 각자 점령하여 군정(軍政)을 시작하면서 북쪽에는 소련의 비호를 받은 김일성의 공산주의 정권이, 남쪽에는 미국의 영향을 받은 자유민주주의 정권이 추진되고 있었다. 또한 남과 북 양쪽에서는 각각 군대가 만들어지고 있었다.

11월 11일, 훗날 초대 해군총참모장이 되는 '해군의 아버지' 손원일(孫元一)이 최초의 공식 군 조직인 해방병단(海防兵團)을 창설했다. 손원일은 상해 임시정부에서 제2대 의정원장(지금의 국회의장)을 지낸 독립투사 손정도(孫貞道) 목사의 장남이다. 1909년, 평양 강서에서 태어난 손원일은 유년 시절 독립투사인 아버지와 거의 떨어져 살았다. 1921년, 길림에서 아버지와 재회한 손원일은 조국이 광복되면 해군을 창설하겠다는 원대한 포부를 가지고 1926년에 상해 중앙대학교 항해과에 입학했다. 학교를 졸업한 후 중국과 독일 상선의 항해사와 부선장 등으로 일하면서 바다에 대한 경험을 쌓은 그는 국제적인 감각을 갖춘 걸출한 인물이었다.

손원일

광복 후 조국으로 돌아온 손원일은 가산을 털어 8월 21일에 사설 군사단체 해사대(海事隊)를 조직했다. 충무공의 후예를 모집한다는 벽보를 거리마다 붙이며 돌아다니는 그를 보고 주위에서는 '미친 사람'이라며 손가락질을 했다고 한다. 어렵사리 80여 명의 청년들을 모집했지만, 그들을 먹이고 재우는 일이 쉽지만은 않았다.

손원일은 그해 11월, 미 군정청 운송국(運送局)의 해사과장(海事課長)인 칼스텐(Carsten) 소령을 만나 해군 창설에 대해 담판을 벌였다. 처음 칼스텐 소령은 손원일에게 "마침 해안경비대(Coast Guard)가 필요하니 당신이 맡아주면 좋겠다."고 권유했다. 하지만 손원일은 "나는 코스트 가드 수준이 아니라 해군을 건설하려는 사람"이라며 그 제안을 거절했다. 그러자 칼스텐은 머지않아 신생 대한민국 정부가 수립되면 해안경비대가 해군이 되도록 지원하겠다는 약속을 했다.

결국 손원일과 칼스텐은 우선 200명 규모의 해안경비대를 창설하고, 해안경비대 본부와 해안경비대 사관학교를 진해에 설치하기로 합의를 했다. 마침내 1945년 11월 11일 오전 11시, 서울 종로구 관훈동 충훈부 건물에서 해안경비대를 창설하게 되는데, 미군정 측에서는 '코스트 가드'라고 불렀지만, 우리는 '해방병단(海防兵團)'이라고 명명했다.

'해방병단'이 해군의 전신이며, 이틀 후인 11월 13일에 국방부의 전신인 '국방사령부(國防司令部)'가 창설되었으니, 해군은 육해공 3군중에서 가장 먼저 태동했을 뿐만 아니라 국방부보다도 먼저 창설되었던 것이다.

해방병단 창설 기념식. 앞줄 좌로부터 ⑥정긍모 ⑨칼스텐 ⑩칼스텐 부인 ⑫손원일

소년, 해군병학교에 입교하다

 1946년 1월 17일, 해군을 발전시킬 인재를 양성하기 위해 백방으로 노력하던 손원일의 꿈이 결실을 맺었다. 진해 해방병단 총사령부에서 해군사관학교의 전신인 해군병학교(海軍兵學校)를 개교한 것이다. 학교의 이름은 이후 네 차례의 개칭(해안경비대사관학교-해안경비대학-해사대학-해군대학)을 거쳐, 1949년 1월 15일에 현재의 교명인 해군사관학교로 정해졌다. 해군사관학교는 6·25전쟁이 발발하기 직전까지 1~3기생을 임관시켜 배출했다.

 해방병단을 창설한 손원일은 곧이어 사관학교 창설을 서둘렀다. 해군을 이끌 장교가 절대적으로 부족했기 때문이었다. 당시 창설 준비 중이던 육군의 전신인 남조선국방경비대(南朝鮮國防警備隊: 1946년 1월 14일 창설)에는 일본군이나 만주군, 또는 중국군에 복무했던 군사경력자들이 많이 있었다. 또한, 3군 중 가장 늦은 1949년 10월 1일에 창설되는 공군도 군사경력자들이 많아 공군을 육군에서 독립시키는데 별다른 지장을 받지 않았다. 일본군 육군 항공대와 중국 공군 출신들이 5

백여 명이나 있었기 때문이다.

하지만 해군의 경우는 달랐다. 일제 강점기 시절 일본은 조선 청년들을 육군으로 징집해 전장으로 내몰았고, 우수한 인재들에게는 일본 육군사관학교나 만주군관학교의 입교도 허용했다. 그러나 중요한 무기를 많이 다루는 해군사관학교에는 조선인을 단 한 명도 받아들이지 않았다.

그런 까닭에 해방병단의 간부는 민간인 일색이었다. 초대 해군총참모장을 역임하게 되는 손원일부터가 중국과 독일 상선의 항해사 출신이었고, 당시 손원일을 도와 해방병단을 창설한 주역 중의 한 사람인 정긍모(鄭兢謨·3대 해군참모총장 역임)도 일본 여객선의 기관사 출신이었다. 한마디로 군함의 특성이나 해군 무기체계에는 문외한이었던 것이다.

여기에서 특기할 사항은 해방병단 창설의 핵심을 이룬 인물들이 진해고등해원양성소(한국해양대학교의 전신) 동문이었다는 것이다. 해방병단 단원들의 항해교육 훈련 책임자 김영철(金永哲·3대 해군사관학교장·해군 소장 예편)은 항해과 7기였고, 정긍모는 별과, 기관교육 훈련 책임자 한갑수(韓甲洙·7대 진해공창장·해군 준장 예편)는 기관과 21기 졸업생이었다. 진해고등해원양성소는 1927년부터 1945년까지 141명의 조선인 상선 사관을 배출했는데, 그 중 48명이 해군 건설에 참여했다.

이들과 해방병단의 창설 멤버들은 이후 해군의 상층부에서 지휘관이나 참모로 근무하면서 해군의 골격과 행정체계를 만드는데 공헌했지만, 태생적인 한계 때문에 함정을 몰고 전투를 수행하는 해군 본연의 모습과는 거리가 있을 수밖에 없었다. 이것이 손원일의 고민이었다. 민간인 출신이 아니라 시작부터 군인인 간부들이 필요했던 손원일은 그런 인재를 키울 사관학교의 설립을 서둘렀던 것이다.

 1945년 12월, 서울 종로 YMCA 건물에 사무실을 마련한 손원일은 해방병단 단원 모집과 함께 사관생도의 모집공고를 신문에 냈다. 그리고 서울과 부산, 진해의 주요 거리 곳곳에 모집 벽보를 붙였다. 그 결과 전국에서 900명의 지원자가 쇄도했는데, 필기와 면접시험을 통해 모두 90명이 선발되었다. 한 달 전에 공산주의의 횡포에 염증을 느껴 월남을 감행한 17세의 함명수 소년도 이때 해군병학교에 지원을 한다. 그것은 평양사범학교 2학년 때 담임이었던 이숭녕 선생의 권유 때문이었다고 한다.

  "광복이 되면서 첫째로 느낀 것은 역시 나라에는 나라를 지키는 군대가 있어야 되겠다. 우리나라가 결국 식민지가 된 것도 나라를 지킬 힘이 없으니까 그렇게 된 것 아닙니까. 군인이 가장 신성한 남자의 직업이라는 생각이 들었고, 서울역 앞에서 대한민국 해군병학교 학생을 모집하는데, 우수한 학생은 미국 해군사관학교에 유학을 보내준다는 조항이 있었어요. 평양사범의 이숭녕 선생님이 "미국이 세계 최강국 아니냐. 만일 함 군이 해군사관학교에 들어가게 되면, 남들보다 뒤떨어지지는 않을 것 아니냐. 미국 유학 가는 좋은 기회다." 그래서 해군병학교 시험을 쳤어요. 합격한 1기생들이 1945년 말에 진해에 모였습니다. 서울에서 모집하고 진주, 부산 등 각처에서 모집했는데, 저는 서울 모집의 말석을 차지하고 가서 초창기 내용을 잘 아는데, 손원일 제독은 그때 "조국의 바다를 지키는 대한민국의 해군 건설은 결코 쉽지 않다. 그러니까 우리는 최선을 다해서 애로를 극복하는데 있어서 애국심을 발휘하여야 한다. 너희들은 충무공의 후예라는 것을 잊지 말아라." 이렇게 강조했습니다."[3)]

  선발된 90명의 생도들은 1946년 2월 8일, 해군병학교에 입교했고, 그 다음날인 2월 9일에 입교식을 가졌다. 손원일 총사령관은 해방병단을 창설할 당시 공이 많았던 하사관들과 수병들에게도 해군병학교에 입교할 수 있도록 배려를 했다. 이들을 대상으로 별도의 시험을 치러 2월 20일에 10명, 3월 18일에 13명을 추가로 선발했다. 이로써 해군병학교 1기생들은 모두 113명으로 늘어났다.

---

3) 함명수 증언, 2010년 3월 24일, 대방동 해군호텔

해군병학교 1기생. 앞줄 가운데 외국인이 미 고문관, 그 왼쪽 안경 쓴 사람이 손원일 참령(소령), 고문관 바로 뒤 얼굴만 보이는 사람이 함명수 생도이다.

1기생들은 나이 차이가 많이 났다. 1922년생부터 1928년생까지 무려 6살이나 차이가 났는데, 함명수는 장지수 생도와 함께 가장 나이가 어린 1928년생이었다. 하지만 담대하고 침착한 성격을 타고난 천생 무골(武骨)인 함명수는 동기생들 중 항상 선두주자를 유지했다. 그만큼 우수한 두뇌와 통솔력을 겸비한 인물이었다는 얘기일 것이다.

해방병단 총사령관 겸 해군병학교 초대 교장을 맡은 손원일은 1기 생도들의 교육기간을 3년으로 잡았다. 1기생들이 배워야 할 공통과목은 해병학, 대수, 물리, 국사, 국어국문, 영어, 훈육, 체육학, 지정학, 군사, 항해, 항해기업(航海技業), 운용학, 기관, 군법 등이었다.

3월 16일부터는 생도들을 병과(兵科:항해과), 기관과, 통신과로 나누

소년, 해군병학교에 입교하다 | 55

어 관련과목을 추가로 이수하게 했다. 병과 생도들은 병포학·기상학·측기학(測器學) 등을 배워야 했고, 기관과는 박용기관학·박용기계학·터빈·보조기관학·전기공학 등을, 그리고 통신과는 전기학과 자기학을 이수해야 했다.

학과 수업이 끝나면 축구, 농구, 야구, 정구 등의 체육활동으로 체력을 기르는 한편 연극이나 악기연주, 서예, 문학 등 각종 문예활동도 해야 했다. 말 그대로 눈코 뜰 사이가 없는 스파르타식 교육을 실시했던 것이다.

손원일은 생도들이 문무를 겸비해야 된다고 생각했기 때문에 일반 대학교처럼 군사학 과목 외에 일반 교양과목도 가르쳤다. 그래서 교양과목은 일반 대학교에서 교수를 초빙하여 가르쳤으며, 군사학 과목은 주로 진해고등해원양성소 출신들에게 맡겼다. 군대처럼 규율이 엄격했던 진해고등해원양성소 출신들이 항해, 기관 등의 선박 운용술은 물론 군사 지식까지도 많이 알고 있었기 때문이었다.

사관생도 함명수

  약 6개월 동안 강의실 수업이 진행된 후 8월 19일부터는 해상실습에 들어갔다. 당시 38도선 이남의 해안에는 미 해군 7함대 소속의 구축함들이 초계경비를 하고 있었는데, 손원일은 생도들이 그곳에서 실습을 할 수 있도록 미 군정청과 교섭했다. 세계 최강의 선진해군을 경험하게 하려는 손원일의 원대한 계획이었다. 진해를 떠나 부산기지에 배속된 1기생들은 이 함정들에 승선하여 해상훈련을 받았다. 다음은 함명수 제독의 회고이다.

"미 해군 구축함이 입항하면 2~3명씩 태워 내보냈다. 손원일 제독 입장에선 먹고 자는 것, 교육까지 다 해결되는 것이었다. 갑자기 밀수 문제도 생기고, 또 해안선 방어 문제에다, 미국 측으로선 해안 관계를 조사할 필요성도 있어서 군함을 몇 척 들여와서 경비하기로 했다. 미군들이 와서 보니까 말이 통해야지. 그래서 해사 생도들을 실습 겸해서 배에 태우게 됐다. 실습이 끝나면 공부를 두어 달 더해 가지고 또 승선실습을 했다. 해상실습을 마치고 돌아오면 축구, 농구, 배구, 씨름 등 운동시합을 하면서 기숙사에서 대기하다가, 또 차례가 돌아오면 다시 나가고, 그렇게 하다 보니 생도들끼리 얼굴 대하기가 어려워졌다."[4]

처음 손원일 사령관은 1기생들의 교육기간을 3년으로 정했었다. 하지만 1기생들의 조기 임관이 불가피한 상황이 벌어졌다. 군사영어학교 출신 중에서 해방병단으로 전군(轉軍)한 22명 때문이었다. 이들은 군사영어학교 교장으로 근무하다가 해군 인천기지 임시사령관으로 부임한 리스(Leal W. Reese) 미 육군 소령이 "육군뿐만 아니라 해군에도 영어 소통이 가능한 군사영어학교 출신들이 필요하다."고 미 군정청에 건의하여 전군한 사람들이었다.

군사영어학교(軍事英語學校, Military Language School)는 1945년 12월 5일, 국방사령부 군무국이 서울 서대문구 감리교신학교(냉천동 31번지) 자리에 설치한 학교였다. 군사영어학교의 일차적인 목표는 군사경력자들

---

4) 이맹기 추모 사업회, 「선공후사의 귀감, 해성 이맹기」, P. 32.

에게 기초적인 군사영어를 가르쳐 미군 지휘관의 통역관으로 양성하는 것이었다. 그리고 2차적인 목적은 새로 창설될 남조선국방경비대의 지휘관으로 활용하는 것이었다. 군사영어학교는 남조선국방경비사관학교(육군사관학교의 전신)가 설립되는 1946년 5월 1일 바로 전 날까지 유지되었다.

한편, 1946년 1월 14일에 육군의 전신인 남조선국방경비대가 창설되었다. 이날 군사영어학교에서는 학생들 중 군번 1번 이형근부터 21번 박기병까지 21명을 임관시켜 남조선국방경비대의 간부요원으로 배출했다. 군사영어학교는 이후 1946년 4월 30일까지 군번 110번까지 배출했는데, 이들 110명은 1960년대 후반까지 우리 군의 중추역할을 하게 된다. 그리고 군사영어학교에서 교육을 받는 중이라 미처 임관을 하지 못한 인원들은 고스란히 남조선국방경비사관학교 1기로 편입이 되었다.

앞서 얘기한 22명 중 7명은 군사영어학교를 졸업하고 해방병단으로 전군한 사람들이었고, 15명은 남조선국방경비사관학교 1기생으로 입교해 10여 일 동안 교육을 받다가 5월 11일에 옮겨온 사람들이었다. 이들은 남조선국방경비사관학교 1기생들이 임관할 때 자신들도 임관을 시킨다는 조건으로 해군으로 옮겨왔었다. 하지만 해방병단에서는 이들을 우선 인천기지에서 근무를 시키다가 진해로 옮겨 9월 1일부터 10월 7일까지 한 달여 동안 해군의 기본교육을 받게 했다.

육군에 남은 동기들인 군사영어학교 출신들과 남조선국방경비사관학교 1기생들(6월 15일 임관)은 벌써 임관하여 장교로 활약을 하고 있는데, 해군으로 넘어와 아직 교육을 받고 있던 이들 22명은 불평이 많을 수밖에 없었다. 게다가 조선경비사관학교(1946년 6월 15일에 남조선국방경비사관학교에서 조선경비사관학교로 개칭) 2기생의 졸업도 눈앞에 다가와 있었다. 이들 22명은 손원일에게 자신들의 조속한 임관을 강력하게 요구했다.

손원일 해안경비대(1946년 6월 15일에 해방병단에서 해안경비대로 개칭) 사령관은 불과 한 달 동안 교육을 이수한 22명이 정규 사관과정을 밟고 있는 1기생들보다 먼저 임관하는 것을 원치 않았다. 또한, 간부 인력이 절대적으로 부족한 현실도 고려하지 않을 수 없었다. 결국 손원일은 전군한 22명과 1기생들을 같은 날에 임관시키기로 결정했다.

1946년 12월 15일, 육군에서 전군한 22명과 미 해군 구축함에서 실습 중이던 1기생 61명이 모두 해군 소위로 임관했다. 113명이었던 1기생 가운데 50%가 조금 넘는 생도들만 임관한 것을 보면, 교육 과정이 매우 엄격했음을 알 수 있다. 이들이 임관한 날은 조선경비사관학교 2기생들이 소위로 임관한 다음날이었다. 하지만 졸업식은 이듬해인 1947년 2월 7일에야 거행됐다. 졸업식이 늦어진 것은 1기생들이 미 7함대의 구축함들에 승선하여 해상실습을 하고 있었기 때문이다.

미 해군 구축함들은 불법조업이나 밀수를 하는 선박들을 단속하여 나포된 배들을 각 경비부에 인계하는 임무를 수행하고 있었다. 이들 구축함들이 인천, 목포, 부산 등에 입항할 때마다 생도들이 하선을 하여 학교로 돌아왔기 때문에 생도 전원이 돌아오는데 무려 한 달 반 이상이 걸렸던 것이다.

해군소위로 임관한 함명수는 후일 제6대 해군참모총장에 오르는 이맹기(李孟基)를 비롯하여 제8대 해군참모총장 김영관(金榮寬), 제9대 해군참모총장 장지수(張志洙), 그리고 해병대로 전과하여 제6대 해병대사령관으로 활약하는 공정식(孔正植) 등 1기 동기생들과 함께 해군의 앞날을 이끌어가게 된다.

운명의 충무공정

1기 생도들의 졸업식이 거행된 1947년 2월 7일, 우리 기술진이 처음으로 만든 군함 충무공정(PG-313)의 명명식(命名式)도 함께 거행됐다. 1기 생도들과 충무공정은 동기인 셈이다. 명명식 사진을 보면 갑판 가득히 젊은 장교들이 촘촘하게 도열해있는데, 이들이 바로 1기생 소위들이다. 이 함정의 건조는 한국 해군 조함의 효시로서 역사적인 일이었다.

일본 해군이 비행기 구조정(救助艇)으로 설계한 충무공정은 비행기를 실어야하기 때문에 상갑판의 공간이 넓은 함정이었다. 한창 배를 만들던 중 광복이 되는 바람에 작업이 중단되었는데, 1946년 7월 15일부터 우리 해군이 조함을 재개해 불과 7개월도 되지 않는 짧은 기간에 건조를 완료하는 쾌거를 이뤄냈다.

당시 해군에는 일본 해군이 남긴 소해정(기뢰를 제거하는 소형 함정:JMS), 그리고 미 해군으로부터 인수한 소해정(YMS)과 상륙용 주정(LCI) 들이 있었다. 따라서 그동안 우리 해군은 일본 함정의 마스트에서 일장기를 떼어내고 태극기를 올리거나, 미군이 제공한 함정에서 성조기를 내리고 태극기를 올렸었다. 그런데 충무공정은 처음부터 태극기를 올리고 진수식을 거행했던 것이다.

충무공정 명명식(1947. 2. 7.)

이를 계기로 조선해안경비대는 독자적으로 배를 만들 수 있다는 자신감을 갖게 됐다. 비록 배수톤수 287톤, 길이 46.6m, 폭 6.7m, 최고 속력 13노트에 불과한 작은 배였지만, 아직 남한 땅에 정부가 세워지지도 않은 상황에서 독자적으로 배를 만들어냈다는 바다 사나이들의 자부심은 대단했다. 이 자그마한 충무공정이 당시 우리 해군의 기함

(旗艦)이었던 것인데, 지금 생각해보면 격세지감(隔世之感)을 느끼지 않을 수 없다. 함명수 소위는 충무공정의 부장(副長), 즉 부함장(副艦長)으로 해군 생활을 시작하게 되는데, 충무공정은 후일 함명수의 생명을 구하는 운명적인 배가 된다.

충무공정의 임무는 주로 맥아더라인의 경비와 밀수선을 단속하는 일이었다. 맥아더라인은 미 극동군사령관 맥아더 원수가 1945년 9월 2일, 일본 주변 해역에 설치한 해상 경계선이었다. 일본 어선들은 이 선 안에서만 조업을 할 수 있었다. 하지만 일본 어선들은 라인을 넘어 수시로 우리 해역을 침범했다. 특히 제주도 남쪽 해역으로 일본 어선들이 많이 넘어와 불법 조업을 했다. 충무공정은 일본 어선들을 검문하여 불법조업 사실이 확인되면 나포하여, 세관(稅官)에 인계했다.

1947년 7월 1일, 함명수는 중위 진급과 함께 제3대 충무공정 정장(艇長)이 됐다. 해사 1기생들 중 1차로 캡틴(Captain), 즉 군함의 선장인 함장이 된 것이다. 충무공정 정장이 된 후 함명수가 맡은 임무는 여전히 맥아더라인의 밀수선을 단속하는 일이었다. 하지만 정장이 되자마자 함명수는 굉장한 위기를 맞게 된다. 그해 8월, 충무공정을 포함한 4척의 함정이 맥아더라인 경비임무를 위해 출항을 하게 된다. 하필 이때 일본 쪽에서 강력한 태풍이 올라왔다.

지금처럼 정밀한 기상관측기술을 보유하지 못했던 당시의 선박들은 태풍이 몰려오면 속수무책으로 난파의 위기에 봉착해야만 했다. 그것은 해군 함정의 경우도 마찬가지였다. 바다 한 가운데서 태풍에 휩싸인 함정 2척이 좌초(坐礁)하여 폐함되었고, 1척은 반파되고 말았다. 멀쩡하게 귀항한 함정은 충무공정 단 1척뿐이었다.

태극기를 올리고 진수식을 거행한 첫 번째 함정이었던 충무공정은 특별한 대접을 받았다. 충무공정에는 같은 급의 다른 함정들보다 수준이 높은 하사관들을 배치했던 것이다. 통신장(通信長) 또한 마찬가지였는데, 충무공정을 태풍으로부터 구해낸 일등공신이 바로 통신장이었다.

통신장 김남식 병조장은 일본에서 고등무선학교를 졸업한 통신 전문가였다. 당시 제주도 남방에는 수많은 일본 어선들이 조업을 하고 있었다. 때문에 일본의 어선통제국에서는 수시로 이들 어선들과 무선을 주고받고 있었다. 김남식은 항상 이 무선을 청취하며 기상상태에 대한 정보를 얻고 있었는데, 때마침 "태풍이 몰려오니 안전한 해역으로 대피하라."는 내용을 청취했던 것이다. 김남식은 이 내용을 함명수에게 즉시 보고하였고, 이에 함명수는 태풍의 진로를 피해 충무공정의 피해를 막을 수 있었다.

> "김남식 통신장으로부터 보고를 받자마자 다른 함정에게도 태풍이 오는 것을 알려주라고 지시했지만, 태풍의 경로 가까이에 있던 다른 함정들은 미처 대피하지 못했어요. 안타까운 일이었습니다."[5]

---

5) 함명수 증언, 2015년 12월 30일, 명동소육(明洞燒肉) 음식점

해군 함장이 배를 잃거나 파괴당하는 것은 가장 큰 치욕이었다. 물론 진급에도 큰 영향을 미쳤다. 충무공정을 무사히 지킨 함명수는 그 능력을 인정받아 해사 1기생들 중 선두를 달릴 수 있었다. 게다가 충무공정 정장 시절 함명수는 해군의 수뇌부들에게 자신의 능력과 얼굴을 알릴 수 있는 기회를 많이 가질 수 있었다. 그것은 충무공정이 VIP를 많이 태웠기 때문이었다.

충무공정 3대 정장 함명수 중위

충무공정의 건조를 다시 시작할 당시, 손원일 해안경비대 사령관은 이 함정의 상갑판이 넓게 설계된 것에 주목하여 그 자리에 식당과 숙박시설을 만들도록 지시했다. 귀빈들이 해군을 시찰하러 올 때를 대비해 그들이 쉴 수 있는 공간을 만들었던 것이다. 당시 해군이 보유하고 있던 함정들이 워낙에 작은 배들이라 충무공정만 귀빈들을 모실 공간을 가지고 있었다. 그 덕분에 충무공정에는 보급품도 충분히 지급되었고, 해군의 수뇌부들도 자주 방문했다. 그들 중에는 진해통제부의 김성삼(金省三) 사령관도 있었는데, 그는 함명수의 재능을 눈여겨보고 있었다.

김성삼

그는 함명수를 볼 때마다 "함 중위는 캡틴을 마치면 통제부로 와야 해."라고 말하곤 했다. 1948년 4월, 함명수가 대위로 진급을 하자 김성삼은 자신의 말대로 함명수를 진해로 불러들였다. 통제부의 정보과장에 보임된 것이다. 김성삼은 정보 분야에는 문외한인 함명수를 주한 미군이 서울에 설치한 정보학교에 보냈다. 그곳에서 6개월 동안 방첩교육을 받은 함명수는 정보 전문가로 거듭나게 된다. 함명수는 1949년 3월, 소령으로 진급한 이후에도 해군본부 작전국 정보과장, 해군본부 정보감 등을 역임하며 해군 정보기관의 핵심으로 부상하게 된다.

대한민국 정부 수립

 광복 이후 미국과 소련은 미소공동위원회를 개최하여 한반도의 통일정부 수립에 대해 논의했다. 하지만 이미 북한지역에 김일성의 공산당 정권을 수립하고, 한반도의 적화(赤化)를 노리고 있던 소련은 미온적인 태도로 일관했다. 결국 미소공동위원회는 1947년 8월 12일에 결렬되었고, 소련과 협상을 통하여 남북한 통일정부를 수립하는 것이 어렵다고 본 미국은 같은 해 9월 17일, 한반도 문제를 UN에 이관하고 말았다. 그 결과 UN총회에서 11월 14일, 남북한 총선거를 결의했다.
 1948년 1월 8일, UN한국임시위원단이 남한에 들어왔다. 그러나 소련은 미국이 한반도에서의 미군·소련군 철수 안(案)에 동조하지 않는다는 이유로 UN한국임시위원단이 북한에 들어오는 것을 거부했다. 결국 UN소총회는 2월 26일, UN의 감시가 가능한 남한에서만 총선거를 치르기로 결의를 했다. 그것이 바로 1948년 5월 10일에 치러지는 5·10총선거이다.
 1948년 5월 10일, 역사적인 남한 총선거가 실시됐다. UN한국임시위원단 참관 아래 유사 이래 처음 치러진 선거는 등록 유권자의 투표율 95.5%를 기록함으로써, 주권국가 국민으로서의 감격이 그대로 표현된 듯했다. 하지만 좌익 측의 반대 공작도 만만치 않았다. 좌익 공작원들에 의해 선거 공무원 15명과 후보 2명 등 150명이 피살되고, 634명이 부상을 당한 것이다. 하지만 선거는 무사히 치러졌고, 198명의 제헌의원이 선출됐다.

새 정부 수립의 역사는 급물살을 타기 시작했다. 1948년 7월 1일, 새 국호를 대한민국으로 결정하고, 7월 17일에는 헌법과 정부조직법(법률 제1호)이 공포됨으로써 국방부가 설치되었다. 7월 20일, 국회는 초대 대통령에 이승만, 부통령에 이시영을 선출해 7월 24일에 정부통령 취임식을 가졌다.

1948년 8월 15일 오전 11시 20분, 중앙청 광장에서 대한민국 정부 수립을 선포하는 성대한 경축식이 열렸다. 대한민국 정부가 공식적으로 출범한 것이다. 식이 끝난 후 각각 육군과 해군으로 변모한 조선경비대와 조선해안경비대가 오후 1시 30분부터 사열과 시가행진을 펼쳐 국군으로서의 새로운 면모를 국민들에게 처음으로 선보였다.

9월 9일, 북한도 공식적인 정부 출범을 선포했다. 분단의 책임을 남한에게 돌리기 위해 대한민국 정부가 수립되기만을 지켜보고 있던 김일성이 마침내 조선민주주의인민공화국을 출범한 것이다.

해군 정보 분야의 총수가 되다

1949년 4월 15일, 진해 덕산비행장에서 장교 26명과 하사관 54명, 그리고 해군 신병 13기 중에서 차출한 사병 300명을 포함, 총 380명으로 해병대가 창설됐다.

바로 이날, 해군총참모장 손원일은 진해통제부 정보과장으로 근무하고 있던 함명수 소령(1949년 3월 1일, 진급)을 해군본부로 불러들여 해군 작전국 정보과장에 임명했다. 함명수는 이때부터 해군본부 상황실장도 겸하게 된다. 당시 상황실장은 작전국 작전과장인 모(某) 소령이 맡고 있었는데, 만주군 육군 출신이었던 그는 해도(海圖)를 볼 줄 몰랐다. 그런 까닭에 신성모(申性模) 국방장관은 상황보고를 받을 때 해도를 볼 줄 아는 함명수 정보과장을 대신 들어오게 했다. 그러다보니 자연히 상황실장 자리까지 맡게 된 것이다.

당시의 국군조직법 편제를 보면 육군과 해군에는(당시에는 공군이 없었다. 공군은 1949년 10월 1일에 창설되었다.) 4국(局)을 설치하게 되어 있었다. 즉 인사(G1), 정보(G2), 작전(G3), 군수(G4)의 4국이었다. 하지만 해군에는 함정국(艦艇局)이 먼저 설치되어 정보국(情報局)이 들어갈 자리가 없었다. 그 때문에 정보과장 함명수가 정보국장급의 역할을 하게 된다. 당시에는 외무부와 육군, 해군의 정보국장들이 정기적으로 모여 회의를 가졌는데, 육군에서는 백선엽 정보국장이 참석했지만, 정보국이 없는 해군에서는 이희정 작전국장이 참석하고 있었다.

그러다가 함명수가 정보과장으로 부임을 하자, 이희정은 국장회의에 함명수를 내보내기 시작했다. 이에 해군에서는 정보감(情報監)실을 설치하고 함명수를 정보감에 임명하게 된다. 이렇게 되어 해군에서는 함명수 정보감이 타군의 정보국장이 수행하는 임무를 맡게 된 것이다.

몽금포작전

1949년 5월 11일, 포항 근해를 항해 중이던 해군 YMS 508(강화)정이 납북되는 사건이 발생했다. 508정 부장 이송학(해사 2기) 소위가 좌익 승조원 6명과 함께 정대사령 황운서 중령과 정장 이기종(해사 1기) 소령을 사살한 후 배를 끌고 원산으로 월북한 것이다. 또한 1949년 8월 10일에는 인천경비부에서 관리하고 있던 주한미군사고문단장 로버츠(William L. Roberts) 준장의 전용보트가 행방불명되는 사건이 발생했다. 나중에 밝혀졌지만 좌익인 안성갑 하사가 배를 훔쳐 월북을 했던 것이다.

미군사고문단장 로버츠 장군은 당시 주한미군의 사령관 역할을 하고 있는 인물이었다. 대한민국 정부가 수립되던 1948년 8월 15일 이후부터 미군이 철수하기 시작했다. 그리고 다음해인 1949년 6월 29일, 주한미군 제5연대전투단의 마지막 병력이 한국을 떠났다. 이어 7월 1일, '임시군사고문단'이 해체되고 대신 '주한미군사고문단(KMAG: U. S. Military Advisory Group to the ROK)'이 설치됐다.

정부가 수립된 후, 이승만 대통령은 미군 측에게 철수를 하더라도 군사고문 역할은 지속해달라고 요청했다. 이에 1948년 8월 24일에 체결된 '과도기의 군사안전에 관한 잠정협정'에 따라 한국군의 훈련을 돕는 기구로 '임시군사고문단(PMAG: Provisional Military Advisory Group)'이 설치됐다. 임시 군사고문단은 장교 92명, 사병 148명으로 구성되었으며, 한국군의 신설부대 창설과 미군 장비의 이양, 그리고 미군 철수 업무를 수행했다.

미군 철수가 완료되면서 임시고문단이 '주한미군사고문단'으로 모습을 바꾸었다. 광복 후 미군정이 시작되었을 때, 주한미군 소속으로 한국군의 창설과 확대, 교육과 훈련 등을 전담했던 미 군사고문단이 대한민국 정부수립 이후에는 임시군사고문단으로 명칭을 바꿨다가, 미군 철수 후에는 다시 '주한미군사고문단'으로 거듭난 것이다. 이때 군사고문단의 인원은 장교 186명, 준사관 1명, 간호 1명, 사병 288명 등 총 476명이었다. 비록 병력의 수는 보잘 것 없었지만, 주한미군으로서 군사고문단이 가지는 의미는 아주 컸다.

1949년 8월의 해군은 대한민국 정부수립 1주년을 기념하는 관함식(觀艦式) 행사를 인천에서 거행하기 위해 그 준비에 여념이 없었다. 그런 와중에 로버츠 장군의 보트가 하룻밤 사이에 행방불명되는 사건이 발생했던 것이다. 로버츠는 임시군사고문단장으로 있다가 1949년 7월 1일, 정식으로 발족된 주한미군사고문단 단장을 맡아 재직하고 있었다.

인천경비부에 정박하고 있던 보트는 미 국방성에서 보내준 길이 30m 정도의 보트로 로버츠 장군이 애지중지하는 배였다. 인천경비부가 관리책임을 지고 있는 미군 장성의 배가 없어졌으니 이만저만 큰일이 아니었다. 게다가 로버츠 장군은 낚시를 좋아하는 이승만 대통령에게 보트 자랑을 하면서 "원하신다면 언제든지 빌려드리겠다."고 말하곤 했다. 이 때문에 이승만 대통령도 이 보트에 각별한 관심을 가지고 있었다.

사건이 발생하자 당시 해군본부 정보감과 상황실장을 겸하고 있던 함명수 소령은 해사 동기인 서해첩보부대장 이태영 소령에게 사건을 조사하여 보고하라고 지시했다. 인천경비부사령관 민영구 중령도 이용운 중령이 지휘하는 인천의 제1정대 함정들을 동원하여 수색에 나섰다. 연평도·백령도 등 서해상을 샅샅이 뒤졌지만, 어디서도 로버츠 장군의 보트는 발견되지 않았다. 민영구 중령은 이 사실을 손원일 총장에게 보고했고, 손원일도 로버츠 장군에게 이 사실을 알리지 않을 수 없었다.

사건은 자연히 이승만 대통령에게도 알려졌고, 진노한 이승만은 해군총참모장 손원일 제독을 호출했다. 손원일 제독은 함명수 소령을 대동하고 경무대로 들어갔다. 이승만은 경례도 받지 않고, 두 사람에게 앉으라는 소리도 하지 않았다. 한동안 말없이 창밖만 내다보고 있던 이승만이 갑자기 고개를 돌리며 소리쳤다.

"도대체 어떻게 된 일인가? 내 손으로 임명한 해군총참모장과 육군총참모장들이 김일성 군대만 도와주고 있으니 말이야. 동해에서는 태극기를 단 함정(YMS 508정)이 올라가고, 서해에서는 성조기를 단 보트가 올라가고……. 이래서 되겠는가?"

손원일은 뜨끔했다. 지난 5월에는 춘천에 위치한 육군 제8연대 1대대장 표무원 소령과 홍천에 주둔하고 있던 제8연대 2대대장 강태무 소령이 대대원들을 이끌고 월북을 하여 이응준 육군총참모장이 해임되는 사건이 있었기 때문이었다. 육군에 이어 해군에서도 월북사건이 꼬리를 무는데 대한 힐책이었다.

"죄송합니다, 각하."
"군내에 침투해있는 빨갱이들을 철저히 가려내야 합니다."
"알겠습니다, 각하."

경무대에서 나온 손원일은 함명수와 함께 말없이 차에 올랐다. 함명수가 사무실로 돌아오니 서해첩보부대장 이태영 소령이 심각한 표정으로 그를 기다리고 있었다. 이태영이 함명수에게 두 장의 사진을 내밀었다. 사진에는 황해도 해주 서남방에 위치한 몽금포항에 계류되어 있는 로버츠 장군의 보트가 촬영되어 있었다. 몽금포는 2010년 11월 23일, 연평도에 포격도발을 자행했던 북한의 장산곶 포대 바로 위쪽에 있는 군항으로서 황해도 민요 '몽금포타령'으로 잘 알려진 항구였다. 함명수는 이태영과 함께 즉시 손원일 총장의 사무실로 달려갔다.

"몽금포를 치겠습니다." 함명수의 말에 손원일은 말없이 고개를 끄덕였다. "제가 직접 가겠습니다." 이번에도 손원일은 말없이 고개를 끄덕였다. 손원일 총장의 승인을 받고 다시 사무실로 돌아온 함명수와 이태영은 머리를 맞대고 세부 작전계획을 세우기 시작했다. 이태영이 육상으로 침투하여 몽금포항에서 교란작전을 펴는 동안 함명수가 20여 명의 특수대원들과 함께 해상으로 침투하여 로버츠 장군의 보트를 탈취해오기로 했다. 사정이 여의치 않을 경우에는 보트를 폭파시키고 돌아온다는 작전이었다.

이날 저녁, 두 사람은 해군본부가 위치한 명동거리의 천막 포장마차에서 소주잔을 기울이며 작전성공을 기원했다. 함명수는 "천막 주점을 밝히던 희미한 가스등불이 지금도 눈에 아른거린다."고 회고한다.

처음에는 정보국 단독작전으로 계획되었던 이 작전은 그 후 이용운 중령이 지휘하는 제1정대가 엄호하는 것으로 변경되었다. 8월 16일, 인천에서 거행된 관함식이 끝난 후 주요지휘관들이 시내 용궁각이라는 음식점에서 저녁 만찬을 가졌다. 몽금포작전이 실시되기 바로 전날이었다. 이 자리에서 손원일은 주요지휘관들에게 몽금포작전에 대해 통보했다. 일순 술자리가 숙연해졌다.

제1정대 사령 이용운(제4대 해군참모총장 역임) 중령의 지휘 하에 기함 충무공정(PG-313)을 위시하여 JMS-301(대전), 302(통영), 307(단천),

309(대동강)정과 YMS-503(광주)정 등 함정 6척이 인천항을 출항한 시각은 17일 02시였다. 적의 감시를 피하기 위하여 장산곶 서쪽을 우회하여 몽금포 앞바다에 도착한 시각은 17일 06시.

정대는 전투준비상태를 유지하며 몽금포 항구로 접근해갔다. 곧이어 아군을 발견한 해안 초소와 부두에 정박해있던 북한군 함정들이 일제히 불을 뿜기 시작했다. 아군 정대도 응사를 시작했다.

양측이 교전을 하는 사이, 특공대원들이 항구 안으로 돌진해 들어갔다. 해사 1기 동기생인 302정장 공정식 소령이 그 뒤를 따랐다. 302정은 좌현과 우현에 장착된 중기관총을 발사하며 특공대를 엄호했다. 하지만 뜻하지 않았던 사고가 발생했다. 대원들의 상륙을 독려하며 적함에 오르던 함명수가 양쪽 넓적다리에 관통상을 입고 바다로 떨어지고 만 것이다.

다행히도 함명수는 뒤따르던 공정식 소령에게 구출되어 충무공정으로 옮겨졌다. 함명수는 운이 좋았다. 기함인 충무공정에는 군의관이 타고 있어 응급조치를 받을 수 있었기 때문이었다. 또한, 함명수는 충무공정의 3대 정장이었기 때문에 그의 혈액형을 잘 알고 있던 승조원들로부터 후송 내내 수혈을 받을 수 있었다.

그러는 동안에도 아군 정대와 북한군 경비정 간의 교전은 계속되었다. 이윽고 북한 경비정 4척이 침몰됐다. 기세가 오른 아군은 적 경비정 18호에 돌입해 육탄전을 벌인 끝에 북한군 해군 군관을 포함하여 포로 5명을 생포하는 전과도 올렸다.

정대는 북한군 경비정 18호를 예인하여 8월 18일, 인천으로 귀항했다. 포로들을 심문하는 과정에서 몽금포항에 계류되어 있는 줄 알았던 로버츠 장군의 보트가 평양의 대동강으로 옮겨졌다는 사실이 밝혀졌다. 비록 로버츠 장군의 전용보트는 이미 평양의 대동강으로 옮겨져 찾아올 수 없었지만, 해군은 적진에 침투하여 적 함정 4척을 파괴하고 1척을 나포하는 대승을 거뒀던 것이다.

손원일 총장은 경무대와 가까운 효자동의 덕수병원에 함명수를 입원시켰다. 그리고 이승만 대통령의 주치의에게 치료를 받을 수 있도록 주선했다. 하지만 의사는 함명수의 양쪽 넓적다리가 마비되어 더 이상 군 생활을 할 수 없을 것이라는 진단을 내렸다. 당시 대한민국에는 신경 계통의 수술을 제대로 할 수 있는 병원이 없었던 것이다.

이 말을 들은 함명수는 낙담에 빠졌다. 병문안을 왔던 평양사범 시절의 은사 이숭녕 선생이 "자네는 사범학교도 잘못 선택했지만, 해군사관학교에 지원한 것도 실수인 것 같네. 불구가 되면 목발을 짚고 군인 생활을 할 수 있겠는가. 불구자라도 교단에는 설 수 있으니 언제라도 서울대학에 와서 다시 수학(數學)을 전공하게."라고 위로했을 정도였다.

천운이 따랐던가. 그로부터 2주일 후 함명수는 일본에 주둔 중인 미군병원에서 신경 수술을 받게 된다. 일본으로 건너가 장시간에 걸친 수술과 재활치료를 받은 함명수는 수개월 후 건강한 모습으로 돌아올 수 있었다. 하지만 그때의 후유증으로 함명수 제독은 지금도(2016

년) 보행이 좀 불편하다.

몽금포 기습작전에서 북한군 경비정 4척을 격침하고, 1척의 경비정과 무기·암호서류 등을 노획한 해군은 의기양양해했다. 하지만 사건은 엉뚱한 방향으로 전개되었다. 주한 미국대사 무초가 대한민국 정부에게 "남한 부대가 38도선을 월경했다."고 강력하게 항의를 해온 것이다. 김일성은 이 작전을 끈질기게 정치적으로 이용했다. 자신이 도발한 6·25전쟁의 도화선이 바로 몽금포작전이었다고 선전했던 것이다.

1977년 9월, 당시 공산권 국가였던 불가리아의 수도 소피아(Sofia)에서 제64차 국제의원연맹(IPU: Inter-Parliamentary Union) 총회가 열렸다. 당시 국회의원이었던 함명수 제독도 이 회의에 한국대표로 참석했는데, 이때 함 제독은 북한대표로 참석한 리창선, 김재봉, 김창훈 등과 몽금포작전을 놓고 치열한 설전(舌戰)을 벌였다고 한다.[6]

국제적으로 민감한 문제이기 때문이었는지 몽금포작전은 한동안 입에 올려서는 안 되는 것처럼 금기시되어 왔고, 역사적인 평가도 제대로 받지 못했다. 몽금포작전은 작전이 실시된 지 66년이 지난 2015년에 와서야 재평가를 받게 된다. 2015년 9월 15일, 인천 월미공원에 몽금포작전 전승비가 건립되어 제막식을 거행한 것이다.

---

6) 함명수 증언, 2016년 4월 19일, 명동소육(明洞燒肉) 음식점

몽금포작전 전승비

한편, 대한민국 정부는 같은 해 9월 8일, 국무회의에서 유공자들에 대한 포상도 결정했다. 그 결과 공정식 장군은 무공훈장 중 최고의 훈장인 태극무공훈장을, 함명수 제독은 2등급인 을지무공훈장을, 김상길 예비역 소장(당시 소령·301정장)은 4등급인 화랑무공훈장을 각각 수훈했다.

또한, 故 이태영 중령(서해첩보부대장)과 故 이종철 준장(PG-313정장)에게 3등급인 충무무공훈장, 故 백운기 대령(JMS-307정장)과 남철 소장(YMS-503 정장)에게는 화랑무공훈장이 추서되었다.

여기서 한 가지 아쉬운 것은 국방부 공적심사위원회에서 상부에 포상계획을 상신할 때는 함명수 제독도 1등급 훈장인 태극무공훈장으로 올렸는데, 어찌된 일인지 2등급 훈장인 을지무공훈장으로 결정이 되었다는 점이다. 해군의 명예를 위해 몽금포작전을 계획하였고, 구태여 직접 가지 않아도 되는 적진에 침투하여 중상까지 입었던 함 제독의 전공은 태극무공훈장 10개로도 모자란다는 생각을 해본다.

대한해협해전

소련제 T34 탱크로 무장한 20만여 명에 이르는 북한군이 38도선을 넘어 일제히 남침을 감행한 1950년 6월 25일, 육군과 공군도 마찬가지였겠지만, 특히 해군의 경우는 엄청난 공황(恐惶) 상태에 빠졌다. 손원일 해군총참모장과 박옥규(朴沃圭·2대 해군총참모장 역임) 작전국장 등 해군 수뇌부가 전투함을 구입하기 위해 미국에 출장 중이었기 때문이다.

대한민국 정부가 수립된 다음해인 1949년, 해군은 총 36척의 함정을 보유하고 있었다. 하지만 3인치 이상의 함포가 장착된 전투함은 단 1척도 없는 상황이었다. 전투함 1척 없는 해군. 해군총참모장 손원일은 부심(腐心)하지 않을 수 없었다. 고민을 거듭하던 손원일 총장은 1949년 6월 1일 '함정건조기금갹출위원회'를 구성하여 모금운동을 전개했다. 처음에는 해군 장병과 부인회를 대상으로 시작되었지만, 나중에는 일반 국민들까지 참여해 4개월 만에 1만5천 달러의 기금이 모였다.

1949년 9월 중순, 손원일 총장이 이승만 대통령에게 모금한 돈으로 미국으로 건너가 함정을 구매하겠다는 계획을 보고했다. 이에 감동한 이승만 대통령은 즉석에서 정부보조금 4만5천 달러를 손원일에게 내주었다. 총 6만 달러의 돈이 마련된 것이다. 6만 달러는 외환 사정이 어려웠던 당시로서는 어마어마한 액수였다.

10월 1일, 미국으로 건너간 손원일 제독은 우선 450톤 규모의 PC(Patrol Chaser: 구잠함 驅潛艦) 1척을 1만8천 달러에 구입했다. 이 배가 바로 우리 해군 최초의 전투함인 백두산함(701함)이다. 1949년 12월 24일, 뉴욕 항에서 조촐하게 명명식을 거행한 백두산함은 1950년 3월 중순에 하와이에서 3인치 포를 설치하고, 괌에서 포탄 1백 발을 구입한 후 1950년 4월 10일, 진해에 입항했다.

백두산함을 고국으로 보낸 후 군함을 더 사기위해 미국에 남은 손원일 제독은 미 국무성 관리로부터 배를 싸게 사는 방법을 알게 된다. 제2차 세계대전이 끝난 후 미국은 많은 군함들을 무장해제한 후 민간 업자들에게 불하했는데, 이들과 교섭을 잘 하면 함정을 싸게 살 수 있다는 내용이었다.

이에 백방으로 업자들을 수소문한 손원일은 미국 서해안의 산 피에트로 항에 있는 유대인 선주를 찾아가게 된다. 손원일은 밀고 당기는 흥정 끝에 백두산함과 같은 급인 PC 세 척을 척당 1만2천 달러에 구입했다. 이 배들이 바로 PC-702, 703, 704함이다. 이 사실을 본국에 타전하여 인수요원들을 미국에 불러들인 손 제독은 서둘러 배의 정비를 마치고 3인치 포를 장착한 후, 샌프란시스코의 발레이호 항구를 떠나 한국을 향한 장도에 올랐다. 그때가 6·25전쟁이 발발하기 9일 전인 1950년 6월 16일이었다.

백두산함

  수뇌부가 없는 비상시국에서 맞게 된 전쟁. 해군본부에는 비상이 걸렸다. 당시 해군총참모장 직무대리는 김영철(金永哲) 대령이었다. 김영철 대령은 진해고등해원양성소 출신으로 손원일을 도와 해방병단을 창설했으며, 해방병단 단원의 항해교육을 맡았던 창군 멤버였다. 하지만 김영철 대령은 줄곧 행정업무에만 종사해온 '드라이 네이비(Dry Navy: 해상근무 경력이 없는 해군을 말함)'였다. 따라서 참모들의 적절한 보좌가 요구되는 상황이었다.

  북한군의 남침소식을 들은 각급 참모들이 해군본부로 속속 달려왔다. 인사국장 김일병 대령, 작전국장 대리 김용호 소령, 함정국장 이종우 중령, 경리국장 김경선 중령, 감찰감 정동호 소령, 법무감 오응선 소령, 정훈감 송홍국 소령, 정보감 겸 상황실장 함명수 소령, 통신감 한득순 소령, 헌병감 김태숙 소령, 의무감 박양원 중령 등이 회의실에 모였다.

이들의 시선은 함명수에게 집중되었다. 해군과 북한의 모든 정보를 관장하는 직책을 맡고 있으니, 당연한 일이었다. 하지만 김영철 대령을 보좌하여 개전 초기의 긴박한 작전들을 수행해야 하는 상황실장 함명수 소령의 나이는 겨우 22세였다. 함명수는 가슴을 옥죄는 부담과 긴장을 느끼지 않을 수 없었다.

6월 25일 아침부터 27일 아침까지 개전 초기의 48시간 동안 함명수는 해군본부 상황실에서 한 발자국도 벗어나지 못하고 전화통에 매달렸다. 시시각각으로 발생하는 상황에 대처해야 했기 때문이었다. "먹고 자고 화장실에 가고픈 생리적인 욕구조차 느낄 여유가 없었어요." 함명수 제독의 회고다. 당시 해군이 부닥쳤던 가장 시급한 상황은 동해안에 출몰한 괴선박에 대한 대처와 옹진반도에 고립된 육군 17연대의 구출 작전이었다. 특히 괴선박에 대한 대처는 분초(分秒)를 다투는 시급한 문제였다.

38도선은 4개 사단 1개 독립연대가 방어하고 있었다. 옹진반도에는 백인엽(당시 27세) 대령의 독립 17연대가 주둔하고 있었으며, 개성·문산 방면은 백인엽 대령의 친형인 백선엽(당시 30세) 대령의 1사단, 동두천 방면은 유재흥(당시 29세) 준장의 7사단, 춘천 방면은 김종오(당시 29세) 대령의 6사단, 강릉과 주문진 방면은 이성가(당시 28세) 대령의 8사단이 각각 방어하고 있었다.

그 중 8사단은 10연대와 21연대의 2개 연대로 편성되어 있었는데, 10연대는 38도선을 방어하고 있었으며, 21연대는 예비로 삼척에 배치되어 있었다. 8사단 공격을 맡은 북한군 부대는 마상철(馬相喆) 소장의 5사단과 766부대, 그리고 945육전대였다.

북한군 5사단은 북쪽에서 10연대를 정면에서 공격하고, 766부대와 945육전대를 정동진과 임원진에 상륙시켜 삼척의 21연대가 10연대를 돕지 못하도록 차단함으로써, 10연대와 21연대를 각개 격파하는 협공작전을 펼쳤다. 이에 해군본부는 8사단을 지원하기 위해 백두산함(701함)을 삼척으로 급파했다. 손원일 총장이 미국에서 구입한 백두산함은 해군이 보유한 유일한 전투함이었다.

진해통제부를 출항하여 삼척으로 항진 중이던 백두산함이 6월 25일 오후 8시 12분, 부산 동북방 약 50㎞ 공해상에서 남쪽으로 내려오고 있는 정체불명의 선박을 발견하고 해군본부에 보고했다. "부산 동북방 약 50㎞ 공해상에서 정체불명의 괴선박 발견. 크기는 1,000톤급, 형태는 수송선, 정남향으로 시속 12노트로 항진 중, 계속되는 검문에 일절 응답 없음."

해군본부 참모들의 의견은 "공해상이라도 검문에 불응하는 선박은 나포하거나 강제 정선시킬 수 있다."는 것이 지배적이었다. 그렇더라도 제3국의 선박일 만약의 경우를 고려하여 우선 선박의 국적을 확인하라는 지시를 내렸다. 백두산함은 수차례의 정선 명령을 내렸으나 괴

선박은 응하지 않았다. 이에 백두산함은 100m 거리까지 접근하여 탐조등(探照燈)으로 선박의 정체를 확인했다. 배에는 국기는 물론 이름도 없었으며, 선수 쪽에는 대포로 보이는 커다란 물체가 포장으로 가려져 있었고, 중갑판 쪽에는 중기관총이 장착되어 있었다. 게다가 갑판 위에는 600여 명으로 추정되는 병력이 타고 있었다. 괴선박의 정체는 우리 후방을 교란하기 위해 부산에 상륙하려던 북한군 특수부대원들을 실은 수송선이었던 것이다.

보고를 받는 순간 함명수의 뇌리에는 과거 맥아더라인을 경비하던 시절의 경험들이 스쳐지나갔다. 무장선박에 접근해 탐조등을 비추는 것은 자살행위와 다를 바 없었다. 아군의 위치를 노출시키는 것은 물론, 적에게 우리를 향해 총을 쏘라는 것과 마찬가지인 것이다. 적 또한 자신의 정체가 노출된 만큼 선제공격을 하는 것 외에는 다른 선택이 없게 된다. 이제 누가 먼저 쏘느냐만 남은 것이다. 함명수는 김영철 대령에게 말했다. "발포 명령을 내리시지요." 해도를 응시하고 있던 김영철 대령이 굳게 다물었던 입을 열었다. "괴선박을 격침하라. 성공을 빈다."

김영철

　백두산함의 3인치 주포가 불을 뿜기 시작했다. 이때가 26일 오전 0시 30분이었다. 괴선박도 57㎜ 포와 37㎜ 포, 그리고 중기관총으로 응사를 했다. 치열한 교전이 계속됐다. 3인치 포탄이 적선에 명중됐다. 하지만 적의 포탄이 백두산함의 조타실을 관통하여 4명의 승조원이 중상을 입었다. 김종식(金宗植) 소위와 김춘배(金春培) 삼등병조는 목숨을 건졌지만, 복부와 다리에 관통상을 입은 전병익(全炳翼) 이등병조와 김창학(金昌學) 삼등병조는 끝내 전사하고 말았다.

　한 시간 동안의 교전 끝에 적선 기관실에 다시 5발의 포탄을 명중시켰다. 적선이 좌현 쪽으로 기울기 시작했다. 침몰하기 시작한 적선은 01시 38분, 마침내 동해바다 속으로 가라앉았다. 이른바 대한해협해전이 막을 내리는 순간이었다.

　대한해협해전은 전쟁 초기 남해안에 상륙을 꾀하던 적의 특수부대를 전멸시켜 후방의 교란을 막았다는 점에서 큰 의미가 있는 해전이었다. 만약 600여 명으로 추정되는 북한군 특수부대가 대한민국의 최후 보루인 부산에 상륙했다면 6·25전쟁은 어떤 양상으로 전개되었을까? 생각만 해도 끔찍한 일이다.

육군 제17연대 구출작전

개전 당시 옹진반도는 백인엽 대령의 독립 17연대가 지키고 있었다. 이름 그대로 항아리(甕)같이 생긴 옹진반도(甕津半島)는 황해도 남서쪽에서 황해로 쑥 불거진 반도로서 당시 국군에게는 섬이나 다름없는 곳이었다. 38도선이 옹진반도의 윗부분을 가로지르고 있어, 옹진반도와 대한민국을 연결하는 교통은 옹진-인천 사이를 오가는 선박뿐이었다. 옹진반도는 병법에서 말하는 사지(死地)인 것이다.

옹진반도에서 제17연대의 임무는 두 가지로 구분되어 있었다. 국경분쟁의 일환인 국지전이 벌어지는 경우에는 이 지역을 사수하고, 전면전이 일어나는 경우에는 해상을 통해 철수하는 것이었다. 전면전이 벌어질 경우 옹진반도에 주둔하고 있는 국군은 전멸의 위기에 빠질 수밖에 없기 때문이었다. 해상철수는 육군본부 명령에 의해 옹진반도 남단에 있는 부포(釜浦)항과 사곶(沙串)항을 이용하도록 되어 있었다.

옹진지구에 투입된 북한군 병력은 제3경비여단과 제6사단 14연대, 그리고 지원부대 병력 등 총 15,000명에 이르렀다. 주요무기와 지원화기는 장갑차 8대와 전차 8대, 그리고 122㎜ 곡사포 12문, 76㎜ 곡사포 36문을 포함한 196문에 달하는 야포였다.

반면 제17연대는 병력 3,600명에 주요장비도 105㎜ 곡사포 15문(3문은 고장), 57㎜ 대전차포 6문, 81㎜ 박격포 12문, 60㎜ 박격포 18문, 2.36인치 로켓포 60문과 기관총 25정에 불과했다.

17연대는 필사적으로 저항했지만 북한군의 막강한 화력과 3배에 달하는 병력에 밀릴 수밖에 없었다. 옹진반도의 서쪽과 동쪽으로 나뉘어 북한군과 싸우던 제17연대는 사곶항과 부포항으로 밀려나 독 안에 든 쥐 꼴이 되어버렸다. 6월 26일 오전, 다행히도 2대대장 송호림 소령의 지휘 하에 1대대와 2대대가 경찰경비정을 타고 사곶항을 탈출했다. 문제는 부포항으로 몰린 연대본부와 3대대였다. 이제 그들의 유일한 희망은 적시에 해군 수송선이 도착하는 것뿐이었다.

이 절체절명(絕體絕命)의 순간에 해군의 구출작전이 시작됐다. 6월 25일 오후 5시, 해군본부는 해군의 유일한 수송선인 LST-801함(함장: 김옥경 대위)을 옹진반도로 보냈다. 26일 오전, 801함이 부포항에 도착했을 때는 이미 북한군이 17연대의 코앞까지 추격해온 절박한 상황이었다. 이에 백인엽과 포병대대장 박정호 소령, 연대장 운전병과 당번병, 포병대대장 운전병 등 5명이 105㎜ 곡사포 2문으로 포격을 가하여 추격해 오는 적을 저지했고, 이 틈을 이용해 17연대 병력 1,050명은 무사히 801함에 승선할 수 있었다. 이때가 6월 26일 오전 11시경이었다.

연대본부와 3대대가 무사히 부포항을 벗어나자 남겨진 5명은 어선을 타고 간신히 연평도로 탈출했다. 해군본부는 JMS-307정(정장: 백운기 소령)을 연평도로 보내 6월 27일 오전 2시경, 이들도 무사히 구출해 낸다. 제17연대 구출작전 또한 함명수를 비롯한 참모진들의 적절하고 발 빠른 대응이 만들어낸 작전이었다.

6·25전쟁과 해군 작전

6·25전쟁 초기, 작은 함정밖에 없었던 우리 해군은 주로 연안을 경비하고 봉쇄하는 임무를 수행했었다. 그러다가 미국이 1950년 10월부터 일본 요코스카(橫須賀) 기지에 있던 4척의 PF함을 대한민국 해군에 양도하기 시작하면서 우리도 작전의 폭이 넓어지기 시작했다. 이 함정들은 6·25전쟁 중 대한민국 해군의 주력으로 활약했는데, 61함·62함(1950년 10월 인수), 63함·65함(1951년 10월 인수), 그리고 작전 중에 파손되어 폐함(1952년 5월)된 62함 대신 들여온 66함이 그것이었다. 이 함정들은 전쟁기간 중 미 해군 제95기동부대(Task Forces 95= U.N. Blockading and Escort Force)에 배속되어 일본 사세보(佐世保) 항을 모항(母港)으로 봉쇄작전과 호송작전을 수행했다.

PF 61함, 63함, 65함, 66함

　제2차 세계대전 당시 연합국에 뒤처지는 해군력을 보강하기 위해 독일은 잠수함 U-보트를 대서양에 투입하여 엄청난 전과를 올렸다. 1939년 9월 1일부터 1945년 5월 8일 사이에 독일의 U-보트는 연합군의 항공모함 6척, 전함 2척, 순양함 6척, 구축함 52척을 포함하여 총 148척을 침몰시켰고, 45척에 손상을 입혔으며, 연합군 상선 2,759척을 침몰시켰다. U-보트 또한 753척이 상실되었지만, 피해에 비해 어마어마한 전과를 올렸던 것이다.

　영국 같은 경우는 U-보트에 의해 수많은 자국의 상선들이 침몰됨으로써, 대외무역이 궤멸상태에 빠져 패전 직전까지 내몰렸을 정도였다. 때맞춰 미국이 참전하지 않았다면 영국은 독일에게 패전했을지도 모른다.

당시 수송선의 호송은 DE(Destroyer Escort: 호위구축함)들이 담당했다. 하지만 독일의 U-보트에 맞설 호위구축함이 턱없이 부족해지자, 미국은 1942년부터 성능이나 규모는 호위구축함보다 떨어지지만 탑재한 무기는 호위구축함 급으로 갖춘 함정을 대량으로 양산하기 시작했다. 즉 호위구축함보다 가격이 훨씬 싼 배를 양산하여 호위구축함 대신 사용한 것인데, 그것이 바로 PF(Patrol Frigate: 호위함)였다.

2,100톤급의 소형 전투함인 PF는 3인치 포와 40㎜·20㎜ 기관포, 대잠수함 폭뢰 등을 장착하고 있어 대공(對空), 대함(對艦), 대지(對地) 공격 무기체계를 두루 갖추었는데, 특히 대잠(對潛) 능력이 탁월한 함정이었다. 손원일 총장이 미국에서 구입한 450톤 규모의 PC들(701, 702, 703, 704함)과 비교했을 때는 그야말로 어마어마한 규모의 전투함들이었다.

봉쇄작전과 호송작전 외에 우리 해군이 수행한 또 하나의 중요한 임무는 기뢰를 제거하는 소해(掃海)작전이었다. 6·25전쟁 기간 내내 UN군 해군은 동·서·남해를 장악했다. 막강한 UN군 해군의 화력과 기동력에 밀린 북한군과 중공군은 해상작전을 거의 포기하다시피 했다. 그렇지만 바다를 아주 포기한 것은 아니었다. 그들은 해안을 방어하기 위해 해안의 고지대나 동굴 같은 곳에 중공제 장사포(長射砲)를 배치하고, 바다에는 소련제 기뢰(機雷)를 부설했다.

기뢰는 부설 방법에 따라 계류(繫留)기뢰, 해저(海底)기뢰, 부유(浮遊)

기뢰로 분류된다. 계류기뢰는 물 위에 띄우는 기뢰로, 바다 밑바닥에 닻을 고정하고 그 닻과 기뢰를 선으로 연결하여 설치한다. 해저기뢰는 수심이 비교적 얕은 바다의 아래에 설치하는 기뢰이며, 부유기뢰는 바다 위에서 조류(潮流)나 바람의 방향에 따라 이리저리 이동하는 기뢰다.

기뢰는 폭발하는 방식으로 분류하기도 하는데, 접촉(接觸)기뢰와 감응(感應)기뢰로 나뉜다. 접촉기뢰는 말 그대로 함정이 지나가다가 부딪쳤을 때 그 충격으로 폭발하는 기뢰이며, 감응기뢰는 함정이 지나갈 때 발생하는 압력(壓力)이나 자기장(磁氣場), 음향(音響) 등에 반응하여 폭발하는 기뢰를 말한다.

6·25전쟁 당시 미 해군이 보유한 소해함(掃海艦)의 수는 극히 미미했다. 제2차 세계대전 당시에는 500여 척의 소해함을 운용했지만, 전쟁이 끝난 후 대폭적으로 군비를 감소했기 때문에 미 해군의 소해부대(掃海部隊)는 겨우 명맥만 유지하고 있는 상태였다. 이 때문에 미 해군은 퇴역한 소해함들과 소해 기술자들을 긴급 소집했다.

하지만 소해함이 있더라도 현재와 같은 성능을 갖추고 있는 것은 아니었다. 지금은 기뢰탐지 소나(Mine hunting sonar)의 성능이 많이 발전했지만, 6·25전쟁 당시의 탐지 기술은 조금 과장해서 말하면 '장님 문고리 잡는' 식의 원시적인 수준이었던 것이다.

기뢰를 제거하는 방법 중 몇 가지를 알아본다. 우선 계류기뢰의 경우에는 함정에서 발진한 헬리콥터가 기뢰의 위치를 확인하면, 소해함이 가서 기뢰에 연결된 선을 절단해 폭파하는 방법이 있다.

수중의 기뢰는 주로 폭격으로 제거했다. 기뢰의 위치가 파악되면 수십 대의 함재기가 날아가 기뢰 설치 지역에 폭탄을 투하했다. 폭탄은 수압식 신관으로 조종되어 수심 20~25피트에서 폭발하는 폭탄을 사용했다. 하지만 폭파되는 기뢰도 있지만, 안 터지는 기뢰도 있기 때문에 완전한 제거 방법은 아니다. 당시 한국 해군이 주로 사용한 방법은 '기계소해'라는 방법이었는데, 목선 두 척이 쇠줄을 바다 속에 늘어뜨려 끌고 가면서 물속의 기뢰를 폭파하는 방법이었다.

하지만 물 위에 떠다니는 부유기뢰의 경우는 거의 속수무책이었다. 당하면 운명으로 돌릴 수밖에 없었다. 당연히 수많은 UN군 함정들과 승조원들이 희생을 당했으며, 심지어 기뢰를 제거하는 소해함마저도 피해를 입었다. 이때 많은 수의 우리 해군 소해정들도 희생을 당했다. 특히, 1950년 10월 18일, 원산 영흥만에서 소해작전을 수행하다가 자기지뢰와 접촉하여 폭발한 YMS 516정의 최후는 그 장면이 사진에 찍혀 남아있다.

소해정들뿐만이 아니었다. 1951년 12월 26일, 원산항에서 적의 기뢰에 당해 침몰한 704함의 경우는 함장 이태영(李泰永) 소령을 비롯한 전 장병 57명이 함과 운명을 함께하는 우리 해군 역사상 가장 뼈아픈 참사였다.

1950년 10월 18일, 원산 영흥만 소해작전 중 북한군이 설치한 기뢰와 접촉하여 폭파되는 YMS 516정

704함 침몰과 정보감 사퇴

1951년 10월 중순, 함명수 중령(1950년 11월, 임시중령 진급)은 부산 남포동의 한 선술집에서 해군사관학교 동기이며 해군첩보부대장으로 몽금포작전을 함께 수행했던 이태영 소령을 만나 술잔을 기울였다. 당시 이태영은 704함의 함장을 맡고 있었는데, 임기가 끝나는 그해 12월 중순에는 다시 해군첩보부대장으로 복귀할 예정이었다. 술이 몇 순배 돌아간 후 함명수는 이태영에게 고민을 털어놓았다.

얼마 전 미 국방부에서 우리 해군에게 "중공의 칭다오(靑島)와 소련의 블라디보스토크 사이에 설치된 해저 통신 케이블을 끊을 수 있겠느냐."는 요청을 해왔는데, 함명수는 청도와 블라디보스토크 근해에서 특수작전을 지휘할 책임자를 선발하는 문제로 고심하고 있었다. 용감한 해군장교들은 많이 있었지만, 고도의 항해기술과 특수작전 능력을 고루 갖춘 마땅한 적임자가 없었던 것이다. 함명수의 말을 잠자코 듣고 있던 이태영이 입을 열었다.

"적임자가 있어. 이 작전은 어선을 가장해야 되잖아. '이름 없는 어선의 선장, 이태영' 어때, 멋있지 않아? 우리는 몽금포작전에서도 부하 한 사람의 희생 없이 작전을 수행하였잖아."[7]

은근히 이태영의 자원을 기대하고 있던 함명수는 기다렸다는 듯이 대답했다. "자네야말로 적임자 중의 적임자지. 첩보부대에 복귀하는 대로 작전을 개시하세." 하지만 이태영 소령은 영원히 해군첩보부대에 복귀하지 못했다.

이태영의 후임 함장은 주철규 소령이었다. 그런데 무슨 사정이 있었는지 주철규 소령이 이태영에게 함장교대를 1주일 정도만 연기해달라고 부탁을 해왔다. 군대에서 있을 수 없는 일이었다. 하지만 사람 좋은 이태영은 주철규의 부탁을 들어주었다. 함명수도 복귀를 1주일 늦춰달라는 이태영의 청을 허락했다. 12월 20일, 이태영은 704함을 지휘하여 원산지역으로 마지막 출동을 했다. 함명수 제독은 그날 이태영의 마지막 모습을 지금도 생생하게 기억하고 있다.

"……. 12월 20일, 원산작전지역으로 출동하면서 그대가 나에게 한 말 중 두 가지가 아직도 생생합니다. 그 하나는 그동안 생사고락을 같이 해온 704함 장병들과 올해의 성탄절을 같이 보낼 수 있게 되어 기쁘다는 것과 1주일 후 다시 만날 때는 멋진 어선 선장으로 변신할 터이니 선장이라고 불러달라는 것이었습니다. 그

---
7) 함명수, 「바다로 세계로」, p. 305.

런데 이 말이 이 소령의 마지막 유언이 되리라고는 꿈에도 생각하지 못하였습니다.……." (2002년 12월의 호국인물, 이태영 중령 추모사 중에서)

함경남도 남부 영흥만(永興灣)에 위치한 항구도시 원산(元山)은 경원선(京元線)과 평원선(平元線)의 기점이기도 해, 남북과 동서 교통의 관문이며 동북지방의 중심지이다. 이 때문에 UN군 해군과 대한민국 해군은 1951년 2월 14일부터 정전협정이 체결되는 1953년 7월 27일까지 원산 봉쇄작전을 실시했다.

처음 미 제7함대의 제95기동부대(TF 95)는 영흥만 내에 위치한 20여 개의 전략도서를 점령하고, 함포사격과 함재기의 항공폭격으로 원산항을 봉쇄했다. 원산항이 소련과 만주로부터 온 무기와 보급품이 경유하는 요충지였기 때문이다. 이후 UN군 해군은 구축함 2~3척과 소해함 4~5척을 지속적으로 파견하여 원산항을 계속해서 봉쇄했다. 이태영 소령의 704함도 이 작전에 참가하기 위해 출동을 한 것이다.

12월 25일, 704함은 원산 근해에서 703함과 임무를 교대했다. 바로 그날 원산 시내에 주둔하고 있던 북한군 포대가 704함을 포함한 한국해군과 UN군 함정들에게 포격을 가해왔다. 또한, 원산을 둘러싸고 있는 갈마반도(葛麻半島)와 호도반도(虎島半島)의 적 진지에서도 포탄이 날아왔다. 이때 704함은 호도반도 근해에서 경비 임무를 수행하고 있었는데, 그곳은 영흥만 일대에서 적진과 가장 가까운 곳이었다. 적탄이 날아오자 아군 함정들은 전속력으로 항해하여 안전해역으로 이동했다.

하지만 704함은 단독으로 적진을 향해 돌진했다. 704함은 적탄을 회피기동하며, 3인치 포와 40㎜·20㎜ 기관포 등 전 화력을 동원하여 맹포격을 가했다. 이윽고 적진에서 포격이 멎었다. 이날의 활약으로 704함은 미 해군으로부터 '고추함'(hot pepper)이라는 별명을 얻게 된다.

다음날인 12월 26일의 기상상태는 함정이 항해를 할 수 없을 정도로 풍랑이 심한데다 폭설까지 몰아치는 악천후였다. 게다가 기온까지 영하 20도에 달했다. 하지만 704함은 폭설을 무릅쓰고 해상경비에 나섰다. 밤이 되자 북한군이 은밀하게 움직이고 있다는 정보가 들어왔다. 험악한 기상과 어둠을 이용해 원산항 서북방의 성남리에 숨겨두었던 기뢰들을 원산항 부근으로 옮기고 있었던 것이다.

여전히 폭설이 몰아치고 있었고, 게다가 칠흑 같은 어둠이 내린 밤바다는 그야말로 한 치 앞도 구분할 수 없을 정도로 최악의 상태였다. 하지만 이태영은 승조원들을 독려하며 원산항 부근 해역으로 출동했다. 704함의 모든 화력이 목표지역을 향해 불을 뿜었다. 결국 북한군이 기뢰를 설치하려던 기도는 수포로 돌아갔다. 하지만 그 다음이 문제였다. 원산항을 빠져나오던 704함이 부유기뢰와 충돌하고 만 것이다.

일순, 천지를 뒤흔드는 폭음이 바다를 뒤덮었고, 안타깝게도 704함이 바다 속으로 가라앉기 시작했다. 폭음은 여도(麗島), 신도(薪島), 황

토도(黃土島) 등 원산항 주변의 전략도서들에 주둔하고 있던 우리 해병대원들에게까지 들렸다. 날이 밝자 해병대원들이 총동원되어 해안과 섬을 샅샅이 수색했다. 수색 결과는 참담했다. 폭발 때 바다 속으로 가라앉은 사람들도 있었지만, 대부분의 승조원이 얼어 죽은 채 발견됐다.

나무판자 등 부유물을 꼭 끌어안은 승조원, 혹은 서로를 로프로 연결하고 부둥켜안은 승조원들이 꽁꽁 얼어붙은 상태에서 바다 위를 표류하고 있었다. 천신만고 끝에 주변 섬에 상륙한 승조원들도 마찬가지였다. 그들 모두가 몇m, 혹은 몇 십m 정도를 기어가다가 동사한 상태에서 발견되었다. 이태영 함장을 비롯하여 57명 전원이 전사한 참사였다.

704함의 비보를 접한 함명수는 이태영 소령의 시신을 수습하기 위해 즉시 여도(麗島)로 달려갔다. 원산 앞 바다의 여도에는 우리 해군의 동해첩보부대와 해병대가 주둔하고 있었는데, 여도 해안으로 이태영 소령을 비롯한 6명의 시신이 파도에 밀려왔던 것이다. 12월 28일 오후, 여도 해변에서 6명의 전사자들에 대한 영결식이 거행됐다. 이날 함 제독은 영흥도 해변에서 임병래와 홍시욱을 화장(火葬)했던 기억이 겹쳐져 몹시 착잡했다고 한다. 전사자들의 시신을 화장한 함명수는 유품인 혁대 다섯 개(한 개는 유실)를 챙겨 해군본부로 돌아왔다.

함명수의 보고를 받으며 책상 위에 올려놓은 혁대들을 물끄러미 바라보던 손원일 총장이 말없이 창 쪽으로 돌아섰다. 이윽고 소리죽여

흐느끼는 손원일의 울음소리가 들려왔다. 함명수가 혁대들을 가지고 방을 나서려고 하자 손원일이 그냥 두고 가라고 손짓을 했다. 그때 함명수는 손원일 총장이 안타깝게 전사한 부하들과 하룻밤을 같이 지내고 싶은 모양이라고 생각했다고 한다. 하지만 그 누구보다도 가슴이 아픈 사람은 함명수였다. 이태영 소령의 복귀 연기를 거절하였다면, 그가 죽지 않았을 것이라는 자책감 때문이었다.

총장실에서 나와 자신의 사무실로 돌아오니 인사국장 김일병 대령이 기다리고 있었다. 김 국장은 함명수가 해군병학교를 졸업할 당시의 교장이었다. 김 국장의 표정에는 노기(怒氣)가 묻어 있었다. "함 국장, 언제부터 인사를 정보감실에서 마음대로 했소. 인사국에게는 한 마디 상의도 없이 자기 멋대로 인사발령을 연기해도 되는 겁니까?" 함명수는 할 말이 없었다.

처음 704함의 침몰 소식을 접한 김일병 국장은 사망한 함장이 주철규 소령이라고 생각했다. 1주일 전에 이미 인사발령이 났으니, 그렇게 알고 있는 것이 당연했다. 하지만 전사한 함장이 이태영 소령이라는 것을 알게 된 김 국장은 크게 진노했다. 그리고 상부와 인사국에 아무런 보고나 상의도 없이 임의대로 인사발령을 연기한 함명수 정보감의 행동을 문제화했다. 군법회의에 회부될만한 사안은 아니었지만, 자책감에 시달리던 함명수는 스스로 정보감실을 떠나기로 결심했다.[8]

손원일 총장을 찾아간 함명수가 사의를 표명하자, 손원일은 극구

---

8) 함명수 증언, 2015년 12월 2일, 서울시청 부근 금강산식당

만류했다. 정보 분야에서 함명수를 뛰어넘을 만한 인물이 없었던 것이다. 함명수는 이태영 소령의 빈자리를 자신이 채우고 싶다며 해상근무를 간청했다. 하지만 워낙에 함정이 부족했던 터라 함명수가 지휘할 마땅한 함정이 없었다. 고민하던 손원일 총장은 결국 함명수를 UN군 해군에 파견하기로 결정했다.

미 해군 제95기동부대 파견근무

1952년 1월, 함명수는 일본 사세보(佐世保)항에 기지를 두고 있는 UN 해군 제95기동부대에 작전보좌관으로 파견됐다. 6·25전쟁 발발 당시 주일(駐日) 미 극동해군의 주 기지는 도쿄에서 가까운 요코스카에 있었다. 그러나 요코스카는 부산과 650마일이나 떨어져 있어, 부산과 165마일 거리에 있는 규슈(九州)의 사세보항이 보급기지로 정해졌다.

개전 사흘 만에 서울이 함락당한 사실에서 볼 수 있듯이 육지가 너무 빠른 속도로 적에게 점령되는 바람에 육로를 통해서는 아군에게 어떤 물자도 공급할 수가 없었다. 오직 바다를 통해야만 병력과 탄약, 그리고 군수물자들을 아군에게 공급할 수 있었다. 당연히 대한민국 해군과 미국을 주축으로 하는 UN 해군은 아군에게 물자를 수송하기 위해 총력을 기울였다.

6·25전쟁 기간 내내 UN군은 바다를 장악했다. UN군 해군이 바다를 장악할 수 있었기에 신속한 수송 작전을 펼칠 수 있었다. 만약 해군이 바다를 장악하지 못했다면 6·25전쟁의 양상은 크게 달라졌을

것이다. 미 8군사령관 겸 제3대 UN지상군사령관 밴 플리트(James A. Van Fleet) 장군이 "만약 해군이 없었다면 우리는 한국에 갈 수도, 한국에서 살아남을 수도 없었다."라고 회고할 정도였다.

해군이 얼마나 중요한 역할을 수행했는지는 6·25전쟁 중 미 해군의 수송 실적을 보면 단적으로 알 수 있다. 병력은 연 500만 명을 수송했고, 화물은 5,500만 톤, 유류는 2,200만 톤에 달했다. 또한 UN군 병사 1명의 초도 장비가 무려 5톤이었으며, 하루에 지급되는 보급품도 64파운드나 됐다. 초도 장비란 개인에게 지급되는 무기와 보급품, 그리고 단위 부대에 지급되는 장비를 합친 개념인데, 초도 장비가 1인당 5톤이었다니 실로 어마어마한 분량이다.

화급(火急)을 다투는 장비와 물자는 비행기로 수송을 했지만, 1톤의 물자를 공수하는데 소요되는 4톤의 항공유(航空油) 또한 해군이 수송해야했다. 이 많은 물자를 해군이 공급했다는 측면에서 봤을 때, 6·25전쟁은 육지의 위기를 바다에서 극복한 전쟁이라 하겠다.

수송 작전의 3요소는 선박과 기지, 그리고 호송(護送)이다. 물자를 실어 나르는 선박은 물론 그 선박들이 드나드는 기지(항구)가 있어야 하며, 선박을 무사히 항구까지 에스코트하는 호송 기능이 있어야 하는 것이다.

모든 수송선은 절대로 단독으로 출항할 수 없었다. 적의 잠수함이나 함정의 공격에 대비하여 수송선에는 반드시 호송하는 함정이 따라붙어야했다. UN 해군 제95기동부대가 바로 수송선을 호송하는 임무를 수행하는 호송함대였다.

함명수가 제95기동부대에서 지켜본 미 해군은 경외(敬畏)와 부러움의 대상이었다. 특히 신속한 군수지원체계는 가난한 나라의 해군장교에게 경악으로 다가왔다. 평상시의 함정들은 경제속도를 지키며 운항하기 때문에 연료의 소모가 적다. 하지만 연안공격이나 긴급한 작전 등 고속으로 기동할 때는 연료가 급격하게 소모된다. 그런데 미 해군의 함정들은 평시든 작전상황이든 항상 연료가 3분의 2 이하로 떨어지지 않도록 관리하고 있었다.

작전 중에 연료가 많이 소모될 경우, 대한민국 해군은 기지로 돌아가 연료를 보급한 후 다시 바다로 나갔다. 그런데 미 해군의 경우에는 항시 탱커(Tanker)가 작전해역에서 직접 연료를 보충해주고 있었다. 기름뿐만 아니라 탄약의 경우도 마찬가지였다.

이것을 지켜보며 함명수는 이론으로만 배웠던 군수지원의 중요성을 뼈저리게 느꼈다고 한다. 그는 그때의 배움을 이렇게 얘기한다. "군수지원이 되는 거리 안에서만 작전이 가능하다. 즉 군수지원이 닿지 않는 거리에서는 작전이 불가능하다는 것을 느꼈지요. 심장에서 피를 보내줘야 팔이나 다리를 원활하게 움직일 수 있는 것과 같은 이치인 것이죠." 제95기동부대에서 군수지원 작전과 호송작전을 몸소 체험하면서 함명수는 해군 작전에 대한 전반적인 것을 모두 배울 수 있었다.

영국 해군에게 폭뢰주를 배우다

　6개월가량 미 해군에서 근무한 함명수는 다시 영국 해군에 파견됐다. 6·25전쟁 당시 동해는 미 해군이, 그리고 서해는 주로 영연방(英聯邦) 해군이 책임지고 있었다. 싱가포르와 홍콩에 각각 사령부(사령관이 지휘)와 전방사령부(부사령관이 지휘)를 두고 있는 영국 극동함대는 기함(旗艦)인 2척의 순양함(巡洋艦)을 교대(3~5개월 간격)로 서해에 파견하여 함대를 지휘하고 있었는데, 그 중의 하나인 벨파스트(HMS Belfast)함에서 파견근무를 하게 된 것이다.

영국 순양함 벨파스트함

벨파스트함이 지휘하는 영국 해군은 연안에서 함포사격으로 아군 육군을 지원하는 임무를 주로 수행했다. 어느 날, 벨파스트 함장이 함명수에게 "오늘밤 대대적인 함포사격을 실시하니 브리지(Bridge: 함교)로 올라와 구경을 하라."고 귀띔을 했다. 약 40분 동안 진행된 서해 진남포 해안에 대한 함포사격 현장을 견학하고 사관식당으로 내려온 함명수는 평소에 친분이 있던 경리장교가 식탁 한쪽에 앉아 노트에 무언가를 열심히 적고 있는 것을 보게 된다.

함명수가 반갑게 말을 건넸다. "커피 한잔 하시겠소?" 돌아온 대답은 뜻밖에도 "지금은 바쁘니 다음에 합시다."였다. 궁금해진 함명수가 경리장교의 노트를 슬며시 들여다보았다. '오늘 작전에서 사용된 포탄은 6인치 포탄이 총 몇 발이며 가격으로 환산하면 얼마…….' 그 장교는 함포사격에 사용된 모든 장비를 금액으로 환산하고 있었다. 영국 해군은 작전이 끝나 싱가포르나 홍콩으로 복귀하면 작전 동안에 사용한 식량과 물, 포탄 등 모든 품목을 금액으로 환산하여 평가 자료로 남겼던 것이다. "야, 영국 해군 무섭구나." 함명수는 군수지원의 중요성을 다시 한 번 느꼈다고 한다.

알고 보니 한국인이 즐겨 마시는 폭탄주는 영국 해군에게서 유래했다고 한다. 영국 해군은 머그컵(mug cup)에 위스키 잔을 투하하여 일종의 칵테일을 제조했는데, 위스키 잔이 투하되면 머그컵 가득히 기포가 뽀글뽀글 올라오는 모습에 빗대어 그 이름을 '폭뢰주(Depth charge)'라고 한다. 'Depth charge'는 잠수함 잡는데 사용하는 폭뢰(爆雷)를 말하는데, 바닷물 속에서 폭뢰가 폭발했을 때 기포가 솟아오르는 모양과 비슷하다고 해서 그렇게 불렀다는 것이다.

함명수 제독은 벨파스트함의 영국 해군에게서 배운 폭뢰주 제조법을 한국 해군에게 전하였고, 그것이 차츰 세상에 퍼지면서 그 이름이 폭탄주로 바뀌었던 것이다.

2010년 6월, 대한민국 정부는 6·25전쟁 60주년을 맞아 영국에 감사사절단을 파견했는데, 이때 함명수 제독이 사절단장으로 참가하게 된다. 6월 25일, 함 제독은 런던 템스(Thames) 강변에 정박돼 전쟁기념관으로 활용되고 있는 벨파스트함을 다시 찾았다. 60여년 만에 다시 벨파스트함에 오른 함 제독은 영국군 참전 노병들과 회포를 풀었는데, 아련한 과거에 영국 해군 장교들과 함께 마셨던 폭뢰주가 그립더라다.[9]

---

9) 함명수 증언, 2015년 12월 2일, 서울시청 부근 금강산식당

감사사절단과 영국 참전용사들

59년 만에 다시 벨파스트함에 오른 함명수 제독

영군 해군에게 폭뢰주를 배우다 | 111

함장으로 복귀하다

1년여 동안의 UN군 파견근무를 마친 함명수는 1953년 1월 7일, PF 61함의 부장(副長)에 임명됐다. 61함은 당시 우리 해군이 보유하고 있던 가장 규모가 큰 4척의 전투함 중 하나로 미 해군 제95기동부대에 배속되어 주로 동해에서 봉쇄작전과 호송작전을 수행했다. 하지만 때에 따라서는 서해에 파견되어 UN군 육군을 지원하는 전투임무에도 투입됐다.

부장은 부함장을 말하는데, 평시에는 행정업무를 하지만 전투 시에는 전투정보시스템인 CIC(Combat Information Center)의 책임자로서 각 포대를 지휘한다. 실질적으로 전투지휘를 하는 중요한 위치인 것이다. 미 해군 제95기동부대와 영국 순양함 벨파스트함에서 선진 해군의 전투체계와 군수지원체계를 배울 수 있었던 함명수로서는 배운 것을 복습할 수 있는 아주 좋은 기회였다. 함명수는 이때부터 제3경비전대사령관, 제5경비전대사령관, PF 66함(임진함)의 함장으로 활약하게 된다.

PF 66함

　6·25전쟁이 끝나고 1년여가 지나간 1954년 7월, 함명수 중령은 PF 66함(임진함)의 함장에 임명됐다. 그 시절 우리 해군은 미군의 지원이 없으면 훈련조차 할 수 없는 열악한 환경에 처해 있었다.

　우선 대잠훈련을 하려면 미 7함대에서 잠수함을 지원해야 실시할 수 있었다. 대잠훈련을 할 때 적의 잠수함이 포착되면 수중에 수류탄을 투하했는데, 투하한 수류탄이 잠수함 부근 1백 야드 정도에서 터지면 '쨍'하는 금속성이 잠수함 내부에까지 전달된다고 한다. "폭뢰를 투하하면 잠수함이 침몰되거나 파손 당하지 않겠소. 그래서 수류탄으로 훈련을 했지." 함 제독의 회고다.[10]

---

10) 함명수 증언, 2013년 1월 22일, 대방동 해군호텔

우리 해군에게 단 한 척의 잠수함도 없었기 때문에 미 잠수함이 동원돼야 대잠훈련이 가능했다는 것은 충분히 납득이 가는 상황이다. 하지만 기본적인 대공훈련과 대함훈련도 미군의 지원이 없으면 불가능했다고 한다. 미군 항공기가 매달고 비행하는 타깃(target)이 있어야 대공포 사격훈련을 할 수 있었고, 대함사격훈련 또한 미 해군이 타깃보트를 지원해야 가능했다는 것이다.

문제는 우리 해군의 사격술이었다. 기껏 미군에게 지원요청을 하여 사격훈련을 했지만, 명중률이 형편없어 미군의 비웃음을 받곤 했던 것이다. 매번 미군에게 창피를 당하던 함명수 함장이 어느 날 해군 포술학교장을 찾아가 "유능한 장포사를 키워서 보내 달라."고 투정을 부렸다. 그리고 포술학교장의 답변에 깜짝 놀랐다고 한다. "유능한 인재들이 포술학교에 지원하지 않아 유능한 장포사를 양성할 수가 없다."

당시 기관학교나 통신학교에는 많은 하사관들이 지원을 했지만, 포술(砲術)이나 소나(sonar) 분야에는 지원자가 거의 없었다. 기관과 통신 분야는 전역 후 일반 상선에 취직하는데 도움이 되었지만, 함포를 쏘는 기술이나 잠수함 잡는 기술 같은 것은 전혀 쓸모가 없기 때문이었다.

함명수는 답답했다. "가장 뛰어난 인재들이 포술학교나 소나학교에 들어와야 하는데, 인재들이 그것을 기피하고 있으니 해군이 발전을 할 수 있겠는가?" 함명수는 이때부터 해군 장기복무자들의 취업 문제를 해결하는 방안에 대해 고심하게 되는데, 후일 참모총장이 된 후 그

해결책을 찾게 된다. 그 이야기는 뒤에 다시 다루기로 한다.

66함 함장 이후 해군종합학교장으로 복무하던 함명수는 1957년 1월 29일, 제2대 해군교육단장(현 해군교육사령관)에 임명됐다. 그리고 같은 해 3월에는 대령으로 진급한다. 해군종합학교장과 교육단장 시절 함명수는 포술과 소나(Sonar: 잠수함을 탐색하는 수중청음기) 교육에 심혈을 기울였다. 특히 소나 교육에는 지원을 아끼지 않았다. 앞에서도 언급했지만, 대한민국 해군은 단 1척의 잠수함도 보유하고 있지 않았다. 우리 해군이 첫 번째 잠수함 장보고함을 독일에서 인수한 것이 1992년 10월이었으니, 1957년은 그야말로 잠수함을 구경하는 것조차 힘든 시절이었다.

하지만 북한 잠수함에 대비하려면 대잠전(對潛戰) 교육을 소홀히 할 수 없었다. 비록 잠수함은 없었지만, 소나학교에는 잠수함을 탐지하는 시뮬레이터 'Attack Teacher'가 있었다. 함명수는 소나학교 학생들에게 시뮬레이터 교육을 실시했다. 그뿐만 아니라 교육단장인 자신도 학생들과 함께 교육을 받았다. 이때 받은 교육은 얼마 후 제1전단 사령관으로 임명되었을 때 요긴하게 쓰이게 된다.

30세에 별을 달다

이후 해군대학 부총장, 해군본부 고급부관(비서실장) 등을 역임하며 탄탄대로를 걷던 함명수가 별을 단 것은 그의 나이 30세였던 1958년 8월 20일이었다. 신설되는 제1전단의 사령관 후보로 임시준장을 단 것이다. 이날 함명수는 제2전단 사령관 후보인 이맹기 대령과 함께 경무대에 들어가 이승만 대통령에게 진급신고를 하고 어깨에 별 하나를 달았다.

신설되는 제1전단은 구축함과 대잠함정을 주축으로 하는 수상-대잠전단이고, 제2전단은 LST 등 상륙전 함정을 주축으로 하는 상륙전단이었다. 항상 해사 1기의 선두주자였던 함명수 대령과 이맹기 대령이 각각 이들 전단의 사령관으로 내정돼 동시에 제독이 된 것이다.

제1전단을 맡은 함명수 제독은 이때 대잠수함 작전의 기틀을 마련했다. 특히 1959년 12월에는 미 해군의 잠수함을 투입해 대대적으로 대잠수함 공격훈련을 실시했다. 70여 척의 군함이 동원되어 거행된 이 훈련은 물속에서 공격해오는 잠수함을 파괴하는 훈련이었다.

잠수함은 수중에 음파를 발사하여 그 반응으로 위치를 알아낸 후 폭뢰를 투하하여 잡는다. 그렇게 하려면 대함 및 대잠수함 공격을 주임무로 하는 전투함인 구축함이 있어야 가능하다. 하지만 우리 해군은 1956년 전까지는 구축함을 보유하지 못하고 있었다. 그러다가 1956년 2월 2일, 미국 보스턴항에서 비록 구축함(DD)보다는 성능이 조금 떨어지지만 두 척의 호위구축함(DE) 경기 71함과 강원 72함을 인수하면서 비로소 대잠능력을 확보하게 된다.

미국 보스턴에서 경기함과 강원함 인수(1956. 2. 2.)

함명수는 해군의 대잠능력을 끌어올리기 위해 경기 71함과 강원 72함, 그리고 미 해군의 잠수함까지 동원하여 대대적인 대잠훈련을 실시했던 것이다. 함명수는 제1전단사령관으로 재직하는 동안 우리 해군의 대잠능력을 한 단계 업그레이드 시켰다. 함명수 제독은 당시 상황을 이렇게 얘기한다.

> "내가 준장이 돼서 1전단사령관을 했다는 것 아닙니까. 그 당시 두 척의 함정이 잠수함 1척을 공격하는 것이 원칙이었어요. 구축함 한 척이 잠수함을 공격할 때 나머지 한 척이 잠수함을 감시하고 있거든요. 공격하는 배는 잠수함을 못 봅니다. 1척이 바다 위에서 잠수함을 타고 폭뢰를 투하하다보니까 소나가 안 들거든요. 그래서 많은 훈련이 필요하죠. 그때 그런 훈련들을 많이 했어요."[11]

함 제독의 대잠훈련 교육에 대한 열정은 후일 그가 해군참모총장으로 복무할 때 꽃을 피운다. 1964년 10월 3일, DE 73함(함장 송왕호 대령)이 동해 독도 부근에서 해상 경비를 하고 있었다. 바다에 어둠이 깃들기 시작한 18시 57분, 레이다 스크린에 속력 10노트로 북상하고 있는 정체불명의 선박이 잡혔다. 위치는 독도 서북방 12마일 지점인 북위 37도 25분, 동경 132도 25분이었다.

73함은 즉시 함수를 돌려 괴선박에 접근하여 국적과 진로를 묻는 발광신호를 연이어 보냈다. 하지만 괴선박은 아무 응답도 하지 않고, 돌연 속력을 15노트로 올리고 도주하기 시작했다. 73함에 전투배치 사이렌이 요란하게 울려 퍼졌다. 73함의 함포들이 일제히 정체불명의

---

11) 함명수 증언, 2013년 1월 22일, 대방동 해군호텔

선박 쪽으로 향했다. 그 순간 목표를 추적하던 레이다 스코프 상에서 갑자기 목표물이 사라졌다. 이어 잠수함을 탐지하는 소나에 목표물이 잡혔다. 괴선박은 잠수함이었던 것이다.

  이때부터 73함과 괴 잠수함의 쫓고 쫓기는 숨바꼭질이 시작됐다. 괴 잠수함은 73함의 계속적인 신호에도 아랑곳하지 않고 수중에서 지그재그로 도피를 계속했다. 괴 잠수함은 허위 표적을 수차례나 발사하는 등 필사적으로 73함으로부터 벗어나려고 노력하였다. 하지만 그동안 많은 대잠훈련을 쌓아온 73함 장병들은 여기에 속아 넘어가지 않았다. 우리 측의 신호를 무시하고 잠수 도피를 하고 있으니 적성국가의 잠수함임은 확실했지만, 73함은 국제법상 공해에서 선제공격을 할 수는 없었다. 73함은 괴 잠수함의 어뢰 공격에 대비해가며 추적을 계속했다.

  물위와 물밑에서 벌어지는 피 말리는 싸움은 10월 4일에도 계속되었다. 10월 4일 오후 12시 08분, 숨통이 막힌 적 잠수함이 드디어 물위로 부상(浮上)했다. 위치는 북위 38도 33분, 동경 131도 57분이었다. 무려 85마일을 추적한 끝에 73함이 적 잠수함을 부상시킨 것이다. 잠수함이 부상한다는 것은 완전 항복을 뜻하는 것이다.

  괴 잠수함에는 017이라는 함 번호가 뚜렷하게 보였고, 함형도 식별할 수 있었다. 게양된 국기를 확인하니 소련기였다. 얼마나 당황했던지 국기가 거꾸로 게양되어 있었다. 대한민국 해군이 엄청난 일을 해낸 것이다. 우선 그 성능이 세계 최강에 속하는 소련 잠수함을 놓치지 않고

18시간이나 추적했다는 사실 자체가 대단한 일이었다. 게다가 실질적인 항복인 강제 부상을 시킨 후 소련 해역으로 추방까지 시켰으니, 당시 우리 해군의 수준으로 봤을 때 거의 기적에 가까운 일이었다.

물위로 부상한 소련 잠수함

73함의 쾌거 이전까지 소련 잠수함을 강제로 부상시키는데 성공한 작전은 단 한 번밖에 없었다. 쿠바 해상봉쇄 사건으로 미국과 소련 간에 전운이 감돌던 1962년 10월, 카리브 해역에서 미 해군의 DD(구축함) 835함이 무려 34시간이나 추적한 끝에 소련 잠수함을 부상시킨 사건이 그것이다. 자유진영의 해군 중 두 번째로 소련 잠수함을 잡은 73함은 자유진영 해군 지도자들로부터 격찬을 받았다.

미 해군의 DD(구축함)에 비하면 우리 DE(호위구축함)의 성능이나 보유 장비가 훨씬 열등하다는 것을 감안해보면, 73함의 쾌거는 함장과 승조원들의 자질과 능력으로부터 나온 것이라고 봐야할 것이다. 어두운 바다 위에서 적함을 찾아 낸 레이더 맨, 허위 표적에도 속지 않고 정확하게 적 잠수함을 추적한 음탐사를 위시한 소나 맨, 레이더와 소나로부터 제공되는 전투정보를 정확히 판단한 작전관 등 끊임없는 맹훈련으로 자질과 능력을 고도의 수준으로 끌어 올린 승조원들이 있었기에 가능했던 것이다.

술을 다스릴 줄 아는 무인

함명수 제독은 유명한 애주가(愛酒家)로 알려져 있다. 젊은 시절의 함 제독은 안주가 나오기도 전, 맥주 글라스에 소주를 부어 석 잔을 마시는 것으로 술자리를 시작했다고 한다. 그러니 웬만한 사람들은 안주가 나올 무렵이면 이미 대취(大醉)하기 마련이었다. 하지만 함 제독은 새벽녘까지 술을 마셔도 언제 술을 마셨냐는 듯 멀쩡하게 출근했다고 하니, 필시 술을 다룰 줄 아는 사람인 것이다.

또한, 함 제독은 아주 서민적인 사람이다. 비싼 술을 마시지 않는다. 그는 언제나 서민들이 자주 찾는 포장마차 같은 평범한 주점에서 술을 즐긴다. 그 때문에 생긴 재미있는 일화가 하나 있다.

1960년 6월, 함명수는 해군 작전참모부장의 중임을 맡게 된다. 그 시절 합참 작전부장을 맡고 있던 선배 이성호 제독이 남산 부근에 위치한 해군본부로 종종 찾아왔다. 의기가 투합했던 두 사람은 명동의 포장마차를 자주 찾았다.

지금은 찾아보기 힘들지만, 그 시절 다방(커피숍)과 음식점 주변에는 손님들의 구두를 닦는 것을 직업으로 하는 사람들이 많았다. 함명수 제독의 단골 포장마차 주변에도 구두닦이 소년이 있었는데, 어느 날 그 소년이 "가짜 별들이 나타났다."며 함명수와 이성호 제독을 헌병대에 신고했다고 한다. 함명수 회고록에 나오는 내용이다.

> "해군 장성들이 포장마차에 술 마시러 다닐 리 없다고 생각한 그 소년의 신고로 출동한 육군 헌병들이 우리의 계급을 확인하고는 해군 헌병대에 처리를 넘겼다. 자초지종을 알게 된 우리는 크게 한번 웃었다. 참모차장과 함대사령관 취임 축하연도 당연히 포장마차에서 가졌다. 가짜 별 신고를 했던 소년은 그때도 건재했다."[12]

---

12) 함명수, 「바다로 세계로」, p. 255.

새싹계획과 함명수

1960년 9월 중순의 어느 날 오후 3시쯤, 함명수에게 전화가 걸려왔다. 이성호 제독이었다. "지금 당장 반도호텔 커피숍에서 만나자." 부랴부랴 반도호텔로 달려간 함명수에게 꺼내놓은 이성호의 얘기는 실로 충격적이었다.

> "함 제독, 내가 해군을 책임지게 됐어. 날더러 참모총장을 하라는 거야. 선배들도 많고, 나는 아직 준장인데 어떻게 총장을 하겠느냐고 고사했지. 그랬더니 이미 결정이 되어있다는 거야. 그래서 참모차장을 당신에게 맡기고, 함대사령관에는 부사령관인 이맹기를 임명하겠다고 조건을 걸었지. 국방부하고 얘기가 다 돼있어."

임시준장으로 해군본부 작전참모부장을 맡고 있던 32세의 함명수를 해군 참모차장으로, 그리고 함명수의 해사 1기생 동기인 이맹기 임시준장을 한국함대사령관으로 기용하겠다는 말이었다. 그야말로 파격적인 인사였다. 해군에 파격적인 인사가 단행돼야 할 때라는 신념을 가지고 있던 신임 해군참모총장 이성호(李成浩·당시 34세) 준장의 작품이었다. 하지만 이성호를 해군참모총장으로 발탁한 것이야말로 정말 파격적인 인사였다.

1960년, 4·19의거로 이승만 정권이 무너졌다. 그리고 허정 과도정부에 이어 그해 9월에 장면(張勉) 총리의 제2공화국이 들어서자 권중돈 씨가 국방부장관에 임명됐다. 권 장관은 해군의 선임 장성들을 제치고 당시 한국함대사령관이던 이희정(李熙晶) 소장을 다음 해군참모총장에 내정했다. 하지만 불의의 사고가 터졌다.

9월 초, 마산에서 육군과 해군의 합동 군수물자 상륙 훈련이 실시되었다. 국무회의에 이희정 해군참모총장 임명 안건을 정식으로 올리기 하루 전날이었다. 훈련을 마친 이희정 사령관은 저녁식사 자리에서 축하주를 마셨다. 그것이 화근이었다. 술자리를 마친 이희정은 해군함대사령부가 위치한 진해로 가기 위해 지프에 올랐다.

하지만 마산에서 진해로 넘어가는 장복산 마진(馬鎭)고개에서 전복 사고가 발생했다. 이희정이 직접 운전하던 차량이 장애물에 부딪쳐 전복되고 만 것이다. 본인도 크게 다쳤지만, 동승한 두 사람 중 한 명이 숨지고 한 명은 중상을 입은 큰 사고였다. 이 사고로 인해 목전까지 다가왔던 참모총장직이 날아가 버리고 말았다.

일이 뜻밖의 방향으로 틀어지자, 권중돈 국방부장관은 주한UN군사령관(1959년~1961년) 매그루더(Carter B. Magruder) 대장에게 조언을 구했다. 이에 매그루더는 "신임 해군참모총장은 함대를 지휘할 수 있는 함장 출신이 임명돼야 한다."고 문서로 회신을 해왔다. 권중돈은 다시 김성은(金聖恩·제4대 해병대사령관, 제15대 국방부장관 역임) 해병대사령관을 불러 이 문제에 대해 논의했다. 김성은 역시 '드라이 네이비(Dry Navy: 해상근무 경력이 없는 해군을 일컬음)' 출신보다는 일선 함장 경력과 함대사령관 경력이 있는 인물이 맡아야 한다며 매그루더의 의견에 동의했다.

결국 이희정 때와 마찬가지로 함장 출신인 이성호 제독이 선배들을 제치고 다음 총장 후보로 낙점되었다. 하지만 준장이라는 계급이 문제가 되었다. 김성은 해병대사령관은 권중돈 국방장관에게 이성호를 우선 소장으로 진급시켜 해군참모총장에 취임하게 하고, 다시 한 달 후에 중장으로 진급시키는 방법을 제안했다. 1960년 9월 28일, 이성호 소장이 제5대 해군참모총장에 취임했다.

1926년, 평안남도 강서군에서 태어난 이성호는 진해고등해원양성소 23기 출신으로 1945년 3월에 일본군 해군에 징집되었다가, 광복이 되자 그해 9월에 귀국했다. 이성호는 진해고등해원양성소 2기 선배인 한갑수의 권유로 1946년 2월 22일, 해방병단에 입대했다.

이성호는 해군병학교의 교관으로 특채되어 1기생들에게 항해학을 가르쳤고, 그해 4월 1일, 해군 소위로 특별 임관하였으며, 백두산함과 임진함의 함장, 작전참모부장(1957년), 후방참모부장(1959년) 등을 거쳤다.

이성호 총장 이전의 해군참모총장들, 즉 초대 총장인 손원일 제독은 물론 제2대인 박옥규 총장과 3대 정긍모 총장, 4대 이용운 총장까지 거의 대부분은 일반 상선 출신으로서 해군 함정을 몰아본 경력이 적은 사람들이었다. 그것은 이성호의 경우도 마찬가지였다. 비록 백두산함과 임진함의 함장을 역임했지만 그 또한 일반상선 출신이었던 것이다. 그는 역대 총장들이 해군 창설을 위해 헌신을 다한 사람들이었지만, 해군이 거듭나기 위해서는 해군사관학교 출신의 젊은 장성들이 해군의 요직을 차지해야 한다는 신념을 가지고 있었다.

당시 해군 장성들 중 해사 1기인 함명수와 이맹기를 제외한 모든 장성들이 이성호의 선임자였다. 4대 총장에서 물러난 이용운 중장을 비롯하여 김충남 소장, 김장훈 소장, 이희정 소장, 민영구 소장 등 7~8명의 선임자들이 아직 해군에 남아있었다.

이성호는 총장 취임 직후 해군의 모든 장성들을 총장공관에 초대하여 만찬을 베풀었는데, 만찬이 끝날 무렵 후임 장성들은 돌려보내고 선임자들만 남게 한 후 폭탄선언을 했다.

"2년 후 총장 임기가 끝나면 저는 해군을 떠날 것입니다. 여기 계신 선배님들도 2년 후엔 저와 함께 해군을 떠납시다. 우리, 1기생들에게 넘깁시다. 선배님들이 2년까지 기다리지 않고 그 이전에 그만 두셔도 좋습니다."

이런 배경이 있었기에 함명수 제독과 이맹기 제독이 젊은 나이에 각각 참모차장과 한국함대사령관에 임명될 수 있었던 것이다. 함명수와 이맹기는 취임 2개월 후 임시준장에서 임시를 떼어내고 정식 준장이 되었으며, 다음해인 1961년 2월 9일에 나란히 소장으로 진급했다. 바야흐로 해사 1기 시대가 활짝 열린 것이다.

해군본부를 방문한 윤보선 대통령과 기념촬영(좌로부터 서상훈 제독, 이성호 참모총장, 윤보선 대통령, 함명수 참모차장, 이종우 제독, 김기전 제독)

이성호 총장이 신임 참모차장 함명수에게 내린 첫 번째 지시는 구축함 도입사업인 '새싹계획'을 본격적으로 추진하라는 것이었다. 구축함 도입사업은 대한민국 해군의 오랜 숙원사업이었다. 구축함 도입을 처음 추진한 사람은 이성호 제독이었다.

1958년, 당시 해군 작전참모부장(1957. 8.~1959. 5.)이던 이성호 제독이 해군증강계획인 '새싹계획'을 수립했는데, 해군에 구축함 3개 전대를 창설하겠다는 계획이었다. 구축함 1개 전대가 8척의 구축함으로 구성되니까, 무려 24척의 구축함을 도입하겠다는 웅대한 계획을 세웠던 것이다.

새싹계획에 따라 우리 해군은 미국으로부터 구축함의 도입을 추진했다. 하지만 협상은 쉽지 않았다. 구축함을 도입하려면 미국 의회의 승인을 받아야 했기 때문이었다.

6·25전쟁 중에 대한민국에 원조됐던 유류, 총포, 탄약, 차량, 피복, 각종 장비와 물자 등은 미국정부의 원조법에 따른 정상적인 군사원조가 아니었다. 미군이 자체의 군수지원계통을 통해 한국군에게 직접 보급한 직접 군사원조였던 것이다. 그것은 함정의 경우도 마찬가지였다.

하지만 1955년부터 모든 함정은 '함정대여법'에 의해 미국정부가 한국정부에게 대여하는 형식으로 한국 해군에 제공됐다. 미 해군 함정의 대여가 이루어지려면 미 행정부가 의회에 상정한 해군 함정대여 군원(군사지원) 예산안이 통과되어야만 했다.

이 예산안이 하원과 상원의 심의를 통과하면 소형함과 중형함은 미해군장관과 국방부장관의 권한으로 우리 해군에게 대여되었지만, 구축함 이상의 전투함은 다시 의회의 승인을 거쳐야 했다.

즉 당시 우리 해군이 보유하고 있던 PF(호위함)나 DE(호위구축함)들은 미국 의회의 승인 없이 인수한 함정들이었던 것이다. 하지만 DD(구축함)는 미국 의회의 승인을 받아야 인수할 수 있는 격이 다른 전투함이었다.

 구축함은 대양(大洋)에서 단독작전을 할 수 있는 최소 단위의 전투함으로서 5인치 포를 장착했다. PF(호위함)나 DE(호위구축함) 등의 전투함들은 3인치 포를 장착하고 있었다. 5인치 포와 3인치 포는 수치상으로만 보면 2인치 차이밖에 안 나는 것 같지만, 완전히 차원이 다른 무기체계였다.

 예를 들어 상륙작전을 할 때 3인치 포는 별로 효과가 없었다. 상륙작전의 기본개념을 보면 DD(구축함)가 1개 대대 정면을 담당하는데, 5인치 포여야만 1개 대대 정면을 담당할 수 있고, 1개 연대의 경우는 6인치 포나 8인치 포를 장착한 순양함이 담당했다.

 또한, 구축함은 대공, 대함, 대잠수함 능력을 모두 갖춘 배로서, 구축함이 있어야 대한민국 해군도 대양에서 작전을 할 수 있게 되는 것이다. 한마디로 아날로그 해군이 디지털 해군으로 변신한다는 의미를 지니는 것이었다.

 함명수는 이성호 총장을 보좌하며 '새싹계획' 추진에 진력했다. 특히 구축함 도입의 열쇠를 쥐고 있는 주한미해군사령관 프레시(George W. Preshi) 소장, 그리고 프레시의 참모장 히긴스 대령과 친밀한 관계를 유지하며, 대한민국 해군에 대한 협조를 끌어냈다. 수시로 저녁만찬을 가지면서 우정을 쌓아갔고, 한미해군이 함께 하는 체육행사를 개최하여 친목을 도모했다. 이런 노력이 주효하여 함명수는 프레시 제독, 히긴스 대령과 친형제처럼 지내게 되었다.

그러던 어느 날 히긴스 대령이 함명수를 자신의 사무실로 초청했다. 함명수가 히긴스의 사무실에 들어섰을 때, 히긴스는 책상 위에 기밀서류를 펼쳐놓고 보고 있었다. 자세히 보니 그 서류는 미 태평양군사령부를 거쳐 미 국방부와 해군본부에 보낼 한국해군의 발전계획에 대한 보고서였다. 순간 함명수의 눈이 번쩍하고 빛났다.

함명수를 반갑게 맞은 히긴스는 몇 분 정도 환담을 나누다가, 돌연 바쁜 일이 생겼다며 양해를 구했다. 그리고 "40분 정도 걸릴 예정이니 돌아올 때까지 기다려 달라."며 사무실을 나섰다. 일부러 자리를 피해 준 것이다. 히긴스가 나가자마자 함명수는 그 서류를 속기(速記)로 기록하기 시작했다. 40분이 순식간에 흘러갔다.

함명수는 다시 돌아온 히긴스와 아무 일도 없었다는 듯이 일상적인 얘기를 몇 마디 나눈 후, 그의 사무실에서 나왔다. 함명수가 바로 이성호 총장에게 달려갔음은 물론이다. 함명수의 보고를 받은 이성호 총장은 뛸 듯이 기뻐했다. 서류를 살펴보니 "대한민국 해군에는 구축함이 반드시 필요하며, 00년도에는 0척, 00년도에는 0척을 순차적으로 도입해야 한다."는 내용 등이 담겨있었다. 이후 이성호 총장과 함명수 차장은 프레시 제독이 미 국방부에 보낸 보고서에 맞춰 구축함 도입을 추진했다.[13]

당시 군사원조는 육해공 각 군에 파견된 미군 고문단이 요청하는 원조를 주한미군사고문단(KMAG)이 1차로 조정하고, 미 태평양군사령

---

13) 함명수 증언, 2016년 3월 9일, 명동소육(明洞燒肉) 음식점

부가 2차로 조정했다. 그 후 미 국방부를 거쳐 국무부의 동의와 의회 통과 절차까지 거쳐야 했다. 그런데 하늘이 도왔는지 때맞춰 프레시 제독이 미 태평양군사령부의 군수참모로 자리를 옮기는 바람에 일이 아주 순조롭게 풀렸다. 그 결과 도입하게 되는 첫 번째 구축함이 1963년에 대한민국 해군에 인도되는 충무함이다.

5·16과 함명수

 1961년 5월 16일, 박정희(朴正熙·당시 44세) 소장을 중심으로 한 일단의 군인들이 군사쿠데타(당시에는 혁명이라는 명칭이 쓰였다.)를 일으켰다. 혁명군은 입법, 사법, 행정 등 전 정부기관을 장악하고, 전군에 비상계엄령을 선포했다. 그리고 정부기능을 대신할 군사혁명위원회를 구성하는 한편 집권당인 민주당 내각의 각료들을 체포하고 국회를 해산시켰다.
 5월 18일, 장면 국무총리는 중앙청에서 마지막 국무회의를 가졌다. 그리고 앞서 5월 16일에 육군참모총장이 선포한 비상계엄령을 인정하는 한편, 군사쿠데타에 대한 정치적·도의적인 책임을 지고 내각의 총사퇴를 선언했다. 민주당 내각이 출범한지 9개월 만의 일이었다.
 다음날인 5월 19일, 군사혁명위원회는 1차 총회를 갖고 국가재건최고회의로 그 이름을 바꾸었다. 의장직을 맡은 사람은 육군참모총장 장도영(張都暎) 중장이었다. 이후 제3공화국이 출범하는 1963년 12월까지 군부가 대한민국을 통치하게 된다. 5월 20일에는 혁명내각이 구성됐다. 장도영 국가재건최고회의 의장이 내각수반 겸 국방부 장관(12대)을 겸직하게 됐다. 하지만 그해 7월 3일, 권력 싸움에서 밀려난 장도영 의장이 사표를 제출하고, 국가재건최고회의의 의장직은 5·16의 실질적인 주인공인 박정희 부의장이 차지하게 된다.

이 격변의 와중에 함명수는 반혁명 사건에 연루돼 옷을 벗을 뻔했다. 5·16이 일어나던 날, 혁명에 가담한 김포의 해병 1여단이 서울로 진격하려고 영등포 해군본부 앞을 지나가다가 해군 헌병들에게 한동안 통과를 저지당한 일이 있었다. 이 과정에서 해군 헌병과 혁명군 사이에 총격전까지 일어났다. 이것이 문제가 되었다. 혁명군 측에서 "해군이 혁명을 방해했으니 해군참모차장인 함명수에게 그 책임을 묻겠다."고 한 것이다. 여기서 궁금한 것은 책임을 물으려면 당연히 참모총장에게 물어야 하는 것인데, 왜 참모차장을 책임자로 지목한 것이냐는 것이다.

5월 23일, 국가재건최고회의 청사에서 3군 참모총장의 선서식이 거행됐다. 이날 장도영 육군참모총장, 이성호 해군참모총장, 김신 공군참모총장, 김성은 해병대사령관은 국가에 대한 충성서약을 했다. 국가재건최고회의가 완전히 군을 장악하는 순간이었다. 국가재건최고회의가 군의 반발을 무마하고, 군을 장악하기 위해서는 각 군 참모총장의 협조를 받아야했다. 따라서 이성호 총장을 지목할 수가 없었던 것이다.

하지만 이성호 총장은 함명수에 대한 문책을 단호하게 거절했다. 해군 헌병들은 수칙대로 성실하게 근무했으니 오히려 상을 줘야 한다. 그래도 지휘책임을 묻겠다면, 당연히 총장인 자신에게 책임이 있는 것이니 "내가 옷을 벗겠다."고 나선 것이다.

혁명군 측은 방법을 달리 했다. 비밀리에 함명수의 부정축재 여부를 조사한 것이다. 하지만 이것이 전화위복이 되었다. 당시 함명수는 셋방살이를 하고 있었다. 해군 참모차장이 부정축재는커녕 번듯한 집 한 채가 없어 셋방살이를 하고 있다는 것이 실질적인 지도자 박정희 부의장에게 보고되자, 박정희는 크게 감동했다.

박정희는 청렴결백한 사람이라면 무조건 신뢰하고 곁에 두는 사람이었다. 이후 함명수는 박정희의 전폭적인 신뢰를 받게 된다. 박정희가 국가재건최고회의 의장으로 취임한 후 얼마 지나지 않아 함명수를 불러 농담을 했다고 한다.

"여보 함 차장, 돈 다 어디 있소(어디에 숨겨 놓았소)?"
"아, 그거 국세청장이 잘 알고 있습니다."
"아니, 국세청장이 어떻게 함 차장의 재산을 안다는 말이오?"
"제가 주세(酒稅)를 열심히 바쳤거든요."

역시 애주가인 박정희 의장은 박장대소(拍掌大笑)하며 함명수의 어깨를 두드렸다. 그리고 함명수에 대한 신뢰는 박정희가 제5대 대통령에 당선된 이후에도 계속되었다. 후일 함명수의 아들 함영태가 서울의 명문인 경기중학교에 합격했을 때, 마침 영부인 육영수(陸英修) 여사의 친척 오빠인 육지수(陸芝修)의 아들도 경기중학교에 합격했는데, 박정희 대통령은 함명수와 육지수의 자녀들을 청와대로 불러들여 축하연을 열어주었다.[14]

그때 박정희 대통령은 함명수와 육지수의 자녀들에게 영어사전을 선물했다고 한다. 또한, 박정희 대통령 부부의 사진에 '축 입학'이라는 문구를 적어 선물했다고 하니, 함명수에 대한 박정희 대통령의 신뢰가 얼마나 각별했는지를 알 수 있는 대목이다.

남편들끼리 친하다보니 자연히 육영수 여사와 함명수 제독의 부인인 조정애(趙貞愛) 여사도 남편들 못지않게 가깝게 지냈다고 한다. 육영수 여사는 평소 조정애 여사와 대화할 때 "영태 어머니, 지만(박정희의 아들)이 아버지가 부부동반으로 식사 한 번 하자시네요."라는 식으로 얘기했다고 한다. 친한 사이라서 스스럼없이 얘기했겠지만, 일국의 국모(國母)가 일반 아낙네들과 별반 다를 바 없는 호칭을 사용했다는 것에서 정겨움이 느껴지는 대목이다.

---

14) 함명수 증언, 2016년 3월 9일, 명동소육(明洞燒肉) 음식점

구축함 해군의 시대가 열리다

 1961년 9월, 이성호 총장은 함명수 참모차장을 한국함대사령관에 임명하고, 이맹기 한국함대사령관을 참모차장에 임명하여 1기생 두 선두주자의 자리를 맞바꿨다. 2년여 동안의 한국함대사령관 시절 함명수가 가장 심혈을 기울인 것은 해군의 종합전술훈련을 발전시키는 것이었다. 그는 대공·대함·대잠·소해작전(기뢰 제거)을 동시에 진행하는 종합전술훈련인 '샛별작전'을 실시, 해군의 작전능력을 몇 단계 향상시켰다.

충무함을 인수하는 함명수 한국함대사령관(오른쪽)

함명수는 대한민국 해군의 오랜 숙원이었던 구축함이 도입된 후, 그 함정을 최초로 운용한 행운의 사령관이었다. 1963년 5월 16일, 대한민국 해군 최초의 구축함인 충무함이 도입되었다. 미 해군 소속으로 제2차 세계대전과 6·25전쟁에서 큰 활약을 했던 충무함은 대잠수함 무기를 갖추고 있는 플레처급 구축함이었다. 그해 9월 5일, 진해에서 충무함의 입항 환영식이 대대적으로 열렸다. 그리고 9월 중순부터 보름 동안 인천, 부산, 마산 등지를 돌며 일반 국민에게 공개됐다. 당시 해군이 충무함의 도입을 얼마나 기뻐했는지를 보여주는 대목이다.

함대기동훈련을 지휘하는 함명수 제독. 왼쪽으로부터 오른쪽으로 이성호 참모총장, 김동하 국방위원장, 박정희 최고회의 의장, 함명수 함대사령관, 김현철 내각수반, 김종필 중앙정보부장

이어 박정희 국가재건최고회의 의장을 비롯한 정부요인들과 하우즈 주한UN군사령관을 함에 초청하여 기동훈련을 실시했다. 함대사령관인 함명수가 직접 지휘한 것은 물론이다. 또한 충무함은 서해안과 동해안을 돌면서 북한 해군에게 "무서운 배가 들어왔으니 경거망동하지 말라."는 위력시위를 벌였다. 함명수 제독은 그때의 감격과 흥분을 지금도 생생하게 기억한다.

"이제는 우리도 구축함 해군이 됐다는 심리적인 커다란 변화죠. 호위구축함은 솔직히 말하면 구축함 반열에 못 들어가는 것 아닙니까. 91함(충무함) 보셨겠지만, 웅장한 5인치 포가 다섯 문이나 있습니다. 함대 자체보다도 해군의 분위기 자체가 아주 상당히 고무됐죠. 이제는 우리도 당당한 구축함 해군이 됐다. 그리고 박정희 의장을 모시고서 그때 전 함대가 참여하는 대규모의 기동훈련을 처음으로 했어요."[15]

---

15) 함명수 증언, 2013년 1월 22일, 대방동 해군호텔

제3공화국 출범

　1963년 10월 15일, 제3공화국의 첫 대통령을 뽑는 대통령 선거가 실시됐다. 가장 유력한 후보는 8월 30일에 육군 대장으로 전역한 전(前) 국가재건최고회의 의장 박정희 후보와 민정당의 윤보선 후보였다. 15일 저녁부터 시작된 개표는 17일 정오가 되어서야 마무리됐다. 결과는 박정희 후보의 승리였다. 470만 표를 얻은 박정희 후보가 15만 표에 불과한 박빙의 차이로 제3공화국의 대통령에 당선된 것이다. 윤보선 후보는 곧 선거의 패배를 시인하며, 박정희 당선자에게 축하의 메시지를 보냈다. 그리고 1963년 12월 17일, 제3공화국이 출범했다. 제5대 박정희 대통령이 취임식을 가진 것이다. 이로써 2년 7개월에 걸친 군정이 그 막을 내렸다.

　대통령에 취임한 박정희 대통령은 12월 말, 잠시 진해로 내려가 휴식을 취했다. 그때 함명수를 만난 박정희 대통령이 물었다. "함 제독, 함대사령관으로 일한지 얼마나 됐소?" 함명수가 대답했다. "2년 넘었습니다." "오래 했구먼." 박 대통령의 말을 들은 함명수는 "이제 예편할

때가 되었구나."라고 지레짐작했다고 한다. 비록 동기이지만 함명수는 이맹기보다 서열상으로 선임이었다. 그런 이유로 이맹기의 후임으로 자신이 참모총장이 될 것이라는 생각을 하지 못했던 것이다. "그 날 아내에게 이제 보따리 쌀 준비를 해야겠다고 얘기했지요." 함 제독의 회고다.[16]

박 대통령이 서울로 돌아갈 때 비행장으로 전송을 나간 함명수에게 박 대통령은 다시 "그동안 함대사령관으로 수고 많이 했소."라는 말을 남기고 비행기에 탑승했다. 한편, 육영수 여사는 조정애 여사에게 "우리 서울에서 봐요."라며 다정한 웃음을 지었다.

1963년의 마지막 날인 12월 31일, 함명수의 부관이 청와대로부터 서울로 올라오라는 기별이 왔다고 전했다. 다시 참모차장에 임명됐다는 것이었다. 그리고 그로부터 9개월 후 함명수는 해군참모총장에 임명된다. 두 번째 참모차장 보임은 참모총장으로 발령하기 위한 수순이었던 것이다.

---

16) 함명수 증언, 2016년 3월 9일, 명동소육(明洞燒肉) 음식점

36세에 해군참모총장이 되다

1964년 9월 10일, 함명수는 중장 진급과 동시에 제7대 해군참모총장에 임명되어 전임 총장인 이맹기 중장으로부터 해군 지휘권을 인수했다. 그때 그의 나이 36세였다. 젊은 해군참모총장 함명수는 기쁨과 함께 어깨를 짓누르는 막중한 중압감을 느끼며 많은 생각을 했다고 한다. 해군으로서 남은 2년의 임기 동안 무슨 일을 해야 하는가? 장고(長考) 끝에 내린 그의 결론은 전비태세(戰備態勢)를 갖추는데 전력을 쏟는다는 것이었다. 전쟁은 언제 일어날지 알 수 없다. 따라서 전쟁이 일어나지 않게 하려면 고도의 전비태세를 확고히 유지하여 적의 도발을 억제해야 한다고 생각한 것이다.

전임 해군참모총장 이맹기 제독으로부터 해군 지휘권을 인수하는 함명수 해군참모총장(가운데)

함대가 고도의 전비태세를 유지하려면 인적·물적·기술적·재정적인 지원이 뒷받침돼야 한다. 하지만 당시 대한민국의 국력과 경제력은 보잘 것 없는 수준이었다. 1964년, 대한민국의 수출실적은 1억2천만 달러에 불과했다. 국가 세입의 3분의 2는 미국이 지원한 잉여 농산물을 판매한 대금과 무상원조에 의존하고 있었다. 국방예산도 인건비를 빼고 나면 아무 것도 할 수 없는 수준이었다.

무기체계를 강화하고 현대화하는 길은 오직 미국의 군사원조를 더 받아내는 길뿐이었다. 군사원조는 육해공 각 군에 파견된 미군 군사고문단이 요청하는 원조 물량을 미 합동고문단이 1차로 조정하고, 미

태평양군사령부가 2차로 조정했다. 구축함 같은 중요무기는 미 국방부를 거친 후 다시 미 국무부의 동의와 미 의회의 동의까지 얻어야 했다. 원조를 더 받아내기가 그만큼 어려웠다는 얘기다. 그런데 이 문제를 해결해 준 것은 엉뚱하게도 베트남(월남·越南)이라는 나라였다.

함명수가 해군참모총장에 임명되던 그때는 대한민국이라는 나라와 우리 군에게 있어 격변의 파도가 몰려오던 시기였다. 대한민국 국군이 창군된 이후 최초의 해외파병, 즉 베트남 파병을 진행하고 있는 시기였던 것이다.

20세기 중반 베트남은 동서냉전의 소용돌이 속에 있었다. 6·25전쟁 때 우리가 그랬던 것처럼 민주주의와 공산주의로 갈려 전쟁을 벌이고 있었던 것이다. 백여 년에 걸쳐 프랑스의 식민 지배를 받았던 베트남은 1954년에 독립을 했다. 하지만 북위 17도선을 경계로 북베트남에는 호치민(胡志明)이 다스리는 공산주의정권이 들어섰고, 남쪽에는 친 서방 자본주의정권이 수립됐다.

문제는 베트남 국민들의 민심이었다. 북쪽을 장악하고 있는 호치민 정부는 북베트남인들 뿐만 아니라 남베트남 국민에게도 절대적인 지지를 받고 있었다. 반면에 남쪽의 정부는 족벌 독재정치와 부정부패로 남베트남 국민의 신망을 잃었다. 쿠데타가 꼬리를 물었고 정권이 계속 바뀌었지만, 부정부패는 사라지지 않았다.

호치민 정부는 1959년부터 남부 출신의 공산당원 수천 명과 다량의 군수물자를 은밀하게 남베트남으로 내려 보내 남베트남에 숨어있던

6,000여 명의 공산주의자들과 합류시켰다. 1960년 12월 20일, 남베트남 공산주의자들이 캄보디아 국경 부근의 정글에 모여 '남베트남 민족해방전선(NLF:Nation Liberation Front)'을 결성했다. 그리고 '남베트남 민족해방전선'의 무장 세력인 '베트콩(Viet Cong·越共)'이 남베트남 각지에서 게릴라전을 전개했다.

남베트남 민족해방전선과 베트콩의 세력은 급속하게 확산됐다. 그것은 남베트남 정권의 부패와 실정에 반발한 농민들의 호응 때문이었다. 이때부터 남베트남 곳곳에서 공산당이 주도하는 농민봉기가 발생하기 시작했다. 그리고 그들을 진압하려는 남베트남 정부와 베트콩 간의 전쟁이 점차 확산되어갔다.

호치민 정부는 라오스와 캄보디아, 그리고 베트남의 국경이 맞물려 있는 '호치민 루트'를 통해 북베트남 정규군인 월맹군(越盟軍)과 군사물자를 계속 남베트남에 투입했다. 월맹군과 베트콩을 상대로 전투를 벌인 남베트남은 패배를 거듭했다.

이에 그동안 군사고문단과 소수의 미 공군만 지원했던 미국이 1963년 12월, 베트남 문제에 직접 개입하기로 결정했다. 베트남 전역이 공산화되는 것을 반드시 막아내겠다는 의지였다. 당시는 소련을 축으로 하는 공산주의 진영과 미국을 중심으로 하는 민주주의 진영이 대립하는 냉전시대(冷戰時代)였다. 미국은 아시아대륙에서 중국과 북한에 이어 동남아시아까지 공산화가 진행되는 상황을 지켜만 보고 있을 수 없었던 것이다.

1964년 4월 23일, 존슨(Lyndon B. Johnson) 미 대통령이 한국을 포함한 25개 우방국에 지원을 요청했다. 베트남사태에 대처하기 위해서 우방국들이 적극 지원해달라는 내용이었다. 미국은 베트남사태에 혼자서 개입을 했을 경우에 국제적인 명분을 얻기가 어려웠기 때문에 모어플렉스(More Flags) 정책을 펼쳤다. 즉 여러 국가들이 다국적군을 구성해서 베트남사태에 대처하는 것을 희망했던 것이다. 그것은 6·25전쟁 때에 UN연합군이 참전해서 한국문제를 해결했던 것과 같은 방식이었다.

당시 대한민국의 통치자였던 박정희 대통령은 존슨 대통령의 뜻을 받아들이기로 했다. 박정희가 베트남파병을 결정한 데에는 여러 가지 이유가 있었다.

첫째, 6·25전쟁 때 군대를 보내주었던 미국을 비롯한 자유우방국들의 은혜를 갚고, 그들로부터 신뢰를 얻기 위해서였다. 특히 미국과의 공고한 동맹관계를 봤을 때 거절할 수 없는 요구였다.

둘째, 미국의 군사원조를 더 받아내어 국방력을 강화시킬 수 있는 절호의 기회였다. 실제로 베트남에서 철수하는 1973년까지 대한민국 국군은 F-4D 팬텀기 등 각종 신무기들을 미국으로부터 인수하여 전력을 증강하는데 성공한다.

셋째, 미국과 베트남에서 외화를 벌어들여 경제발전을 도모할 수 있다는 것이었다. 실제로 미국은 한국군 파병의 대가로 10억 달러의 군사원조를 했으며, 베트남에 파병된 한국군의 경비로 10억 달러를 지출했다. 그 외에도 대한민국에 10억 달러의 차관과 기술이 제공됐으며, 참전국의 특혜에 따라 베트남에 우리 상품과 민간 기업이 진출할 수 있었다. 베트남 파병 한 해 전인 1963년도의 국민 1인당 GNP가 100달러였는데, 베트남에서 완전히 철수한 다음 해인 1974년도에는 541달러로 증가한 것만 봐도 베트남 효과를 한눈에 알 수 있다.

무엇보다도 중요한 것은 주한미군 2개 사단을 우리 땅에 붙들어두는 것이었다. 미국은 전통적으로 상비군을 많이 유지하는 나라가 아니다. 그것은 본토의 경우에도 마찬가지다. 그렇기 때문에 해외에 군대를 파병할 일이 발생하면, 비교적 위험이 덜하다고 생각하는 지역의 해외주둔군부터 빼내 파병을 했다. 그래도 해결이 안 되면 그때서야 본토에서 병력을 동원하는 시스템인 것이다.

6·25전쟁 때도 미국은 일본에 주둔해있던 제24·제25·제1기병·제7사단부터 한국에 파병했다. 그랬는데도 전쟁이 계속되자 미 본토에서 동원한 병력을 보냈던 것이다.

만약 우리가 베트남에 전투 병력을 파병하지 않으면, 미국이 한반도에 주둔하고 있던 미 2사단과 7사단을 베트남에 보내지 않을까 하는 것이 박 대통령의 우려였다. 북한의 김일성이 두려워하는 것은 남한에 주둔하고 있는 미군이라는 존재였는데, 미군이 빠져나갈 경우 김일성이 제2의 6·25전쟁을 일으킬 것이라는 것은 불을 보듯 뻔했기 때문이었다. 사실 당시 미 당국자들은 "우방국들의 파병이 여의치 않을 경우 주한미군 2개 사단을 베트남으로 이동시킬지도 모른다."는 말을 공공연히 흘리고 있었다.

마침내 1964년 9월 11일, 건군 이래 최초의 해외파병이 이루어졌다. 제1이동외과병원 130명과 태권도교관단 10명으로 구성된 군사원조단이 베트남으로 파병된 것이다. 함명수가 해군참모총장에 임명된 바로 다음날이었다.

그로부터 5개월 후인 1965년 2월, 두 번째의 해외 파병군인 비둘기부대가 파병됐다. 육군 제101경비대대와 제127공병대대, 그리고 제801수송자동차중대와 해병 제1공병중대로 편성된 비둘기부대는 2천여 명 규모의 공병부대였다. 전쟁으로 파괴된 베트남의 주요 시설 복구가 그 임무였다.

3월 4일, 해군도 역사상 처음으로 LST(전차상륙함) 1척과 LSM(상륙작전용 수송함) 2척으로 구성된 해군수송단대를 파견했다. 병력과 장비가 열악한 해군이 이처럼 기민하게 해외파병을 할 수 있었던 것은 함명수 총장의 치밀한 준비 덕분이었다. 6·25전쟁 때 미국과 영국 해군에 파견되어 군수지원 작전을 보고 배웠던 경험을 살려 해군수송단대 파견에 만전을 기할 수 있었던 것이다.

해군수송단대의 임무는 남베트남의 수도 사이공 인근에 위치한 병참기지에서 탄약을 비롯한 각종 군수물자를 적재하여 전투지역인 깜란, 나트랑, 퀴논, 다낭 등지로 수송하는 것이었다. 이때 해군이 수행한 수송 작전 중에서 특히 판티엣 작전은 지금도 신화로 남아있다. 깜란과 나트랑 사이의 중간지점에 위치한 판티엣(Phantiet)에 주둔 중이던 미군 제트기대대가 연료가 떨어져 위험에 처한 적이 있었다.

사이공에서 약 130마일 떨어진 판티엣 항의 주변은 베트콩들이 장악하고 있어 육로로는 연료 지원이 불가능한 지역이었다. 게다가 베트콩의 대공포 공격 때문에 공중으로 지원하는 것도 여의치 않은 상황이었다. 유일한 방법은 바다로 가는 것이었는데, 미 해군과 남베트남 해군은 판티엣은 해안이 협소하고 암초가 많은 지역이라 접근하기 힘들다며 난색을 표했다.

1965년 7월 28일, 주월연합군사령부(駐越聯合軍司令部)에서 한국 해군에게 도움을 요청했다. 이에 해군수송단대 사령관 이응기 대령은 3명의 함장을 소집하여 작전 가능성을 검토하는 긴급회의를 가졌다. 하지만 해도(海圖)상에는 판티엣 해안이 점 하나로 표시되어 있어, 해안으로 가는 길은 물론 과연 접안이 가능한지조차 알 도리가 없었다. 해도를 주의 깊게 들여다보던 LSM 611함 함장인 오경환(吳慶煥·14대 해군참모총장 역임) 소령이 입을 열었다.

"사령관님, 여기서 아무리 들여다봐야 결론이 나지 않으니 현지에 직접 가서 UDT 대원들에게 해저 상황을 면밀하게 탐사하게 하는 것이 좋겠습니다. 그런 후 접안이 가능하면 시도하고, 불가능하면 인근 나트랑항에 연료를 하역하였다가 다시 기회를 엿보는 것이 어떻겠습니까?"

오경환 소령의 의견은 듣고 난 이응기 대령은 즉시 찬성했다. 오경환 소령의 의견은 탁견이었다. 회의실에서 해도만 들여다보고 있다고 문제가 해결되는 것이 아니었기 때문이었다. 자연적으로 이 작전은 오경환 소령이 맡게 되었다.

7월 29일, 오경환 소령이 지휘하는 611함이 사이공 인근에 위치한 유류보급소에서 제트기 연료 1,200 드럼을 적재하고 판티엣으로 향했다. 당시 한국 해군이 판티엣에 대해 알고 있는 정보는 판티엣 비행장에서 해안까지의 거리가 4km라는 것뿐이었다.

LSM 611함과 오경환 함장

7월 30일, 611함이 판티엣 외항(外港)에 도착했다. 해안에는 한 척의 배도 보이지 않았고, 야자수만이 울창하게 서 있었다. 611함은 안전한 위치에 투묘(投錨: 닻을 내림)를 한 후 판티엣 비행장과 약속한 대로 함정의 도착을 알리는 기적을 4번 울렸다. 얼마 후 해안으로부터 작은 배 1척이 611함으로 다가오기 시작했다. 배에는 베트남인 두 사람이 타고 있었는데, 판티엣의 남베트남군 육군 중령과 대위였다. 남베트남군 중령은 611함에 오르자마자 오경환 함장을 부둥켜안고 눈물을 흘리면서 고맙다는 말을 되풀이했다.

오 함장은 남베트남군 중령에게 "우선 UDT 대원을 풀어 해안의 수심과 암초의 위치 등 해저 상태를 면밀하게 탐색하여 분도(分圖)를 작성하겠다. 그 결과 접안이 가능하다고 판단되면 오전 만조(滿潮) 때에 접안 신호를 올린 후 작전을 개시하겠다."고 약속했다. 한편, 남베트남군 측에서는 1개 중대의 병력을 동원하여 하역과 경비를 담당하기로 했다.

남베트남군 장교들이 떠나자마자 611함은 해저와 해안 탐색에 들어갔다. 예상했던 대로 작업은 쉽지 않았다. 탐색은 이틀 동안 계속되었다. 드디어 UDT 대원들이 탐색을 완료하여 판티엣항 주변을 상세하게 파악한 분도가 완성되었다. 이 분도는 판티엣항에 대한 최초의 분도였을 뿐만 아니라 이후 파견되는 대한민국 해군함정의 길잡이가 되었다. 오 함장은 분도를 분석한 결과 비록 판티엣 해안이 암초투성이고 접안로가 매우 협소하지만, 날씨가 맑은 날에는 충분히 접안이 가능하다는 판단을 내렸다.

다음날 아침 만조가 되자 611함은 약속대로 기적을 울리고 접안을 시도했다. 해변에는 남베트남 군인들이 대기하고 있었다. 오 함장은 분도를 계속 들여다보면서 좁은 수로 사이로 전진했다. 얼마 후 해변을 10m쯤 남기고 함수가 해저에 안착했다. 성공이었다. 오 함장은 함의 모든 호줄을 해변의 야자수에 걸어 함을 고정시켰다. 곧이어 남베트남군 1개 중대 병력이 투입되었다. 611함에 싣고 온 연료 드럼통을 바다에 띄워 사람이 수영하면서 해변으로 옮기는 방식이었다. 하지만 작업은 매우 더디게 진행되었다. 남베트남 군인들의 동작이 너무 굼떠 일을 하는 것인지 노는 것인지 구분이 되지 않을 정도였다. 보다 못한 오 함장이 물속으로 뛰어들어 드럼통을 옮기기 시작했다. 오 함장의 솔선수범을 목격한 611함 전 장병이 그 뒤를 따랐음은 물론이다.

작업이 눈에 띄게 빨라졌다. 하지만 드럼통의 3분의 2가량을 옮겼을 무렵 날이 지기 시작했다. 야간작업은 위험하다고 판단한 오 함장은 함수문(Bow door)을 올리고 그 자리에서 밤을 지내기로 결정했다. 함교로 올라간 오 함장은 그곳에서 밤을 새우기로 했다. 마음이 초조했다. 만약 야간에 베트콩이 공격을 해온다면 고스란히 당할 수밖에 없었기 때문이다.

자정이 가까워 올 무렵, 갑자기 멀리서 포성이 울렸다. 누가 쏘아 올린 것인지 조명탄이 하늘을 대낮처럼 밝혔다. 순간 로켓포 포탄인 것으로 추정되는 물체가 611함 옆으로 지나갔다. 오 함장은 정신이 아찔해짐을 느꼈다. 만약 포탄이 비행기 연료를 가득 싣고 있는 611함에 명중된다면, 배와 인근 해역은 그야말로 불바다가 되고 말 것이다. 611함 전 장병은 전투배치 상태에서 뜬 눈으로 밤을 밝혔다. 다행히도 04시경이 되자 포성이 점점 약해지더니 곧 잠잠해졌다. 베트콩의 공격목표는 611함이 아니었던 것이다.

날이 밝자 작업이 계속되었다. 한숨도 못 잔 장병들이었지만 모두가 신들린 것처럼 드럼통을 날랐다. 정오경에 모든 작업이 완료되었다. 장병들은 안도의 긴 한숨을 내쉬었다. 미 제트기 대대장과 남베트남군 부대장이 찾아와 오 함장의 손을 부여잡고 진심으로 고맙다는 말을 되풀이했다.

오후 만조시간이 되자 611함은 판티엣항을 빠져나왔다. 대한민국 해군이 해도(海圖)에도 표시되어있지 않은 해안에 1,200드럼의 연료를 성공적으로 수송하자 미군들은 깜짝 놀랐다. 미국 시사주간지 타임지를 비롯하여 미국 언론들이 이 작전을 대서특필할 정도였다. 판티엣 작전은 대한민국 해군의 용맹성을 전 세계에 과시한 쾌거였다.

1965년 10월에는 해병 제2여단 청룡부대와 수도사단 1만4천여 명의 병력으로 편성된 맹호부대가 베트남으로 향했다. 건군 이래 최초의 전투부대 파병이었다. 베트남 파병부대의 규모가 커지자 국군은 주월한국군사령부(駐越韓國軍司令部)를 창설(1965년 9월 25일)하여 이들 부대들을 지휘하게 했다.

1966년 3월 15일, 그때까지 비둘기부대 소속이었던 해군 수송단대가 백구부대라는 이름으로 독립하여 창설식을 가졌다. 주월한국군사령부가 생기게 되자 해군도 부대 규모를 LST 3척, LSM 2척으로 증편하여 주월한국군사령부의 예하부대로 독립한 것이다.

백구부대는 당시 월남에 파병된 청룡부대, 맹호부대, 비둘기부대, 그리고 1966년 8월에 증파되는 백마부대 등에게 군수 장비와 모든 생활용품을 수송했다. 백구부대는 우리 지상군의 젖줄 역할을 하는 부대였던 것이다. 또한 백구부대는 점차 역할의 폭을 넓혀 남베트남군에게도 각종 물자를 수송하게 된다.

전선에서 적과 마주하는 것은 육군이었지만, 육군 못지않게 해군의 작전 또한 위험하기는 마찬가지였다. 베트남에 파병된 우리 부대들은 주로 베트남 동해안의 긴 해안선을 따라서 산재해 있었다. 남베트남의 수도 사이공에서부터 북쪽으로 붕타우·판티엣·나트랑·쭈라이·다낭 등으로 탄약과 보급품을 수송하는 일은 아주 위험한 임무였다. 언제 어디서 베트콩의 기습을 받을지 모르는 긴박한 상황의 연속이었다.

남베트남군에도 해군이 있었지만, 그들에게는 수송 작전을 수행할 만한 능력이 없었다. 설사 있다고 해도 맡길 수 있는 상황이 아니었다. 남베트남군 내부 곳곳에는 월맹군과 베트콩의 첩자가 숨어있어서, 보급품이 제대로 부대까지 전해지지 않는 경우가 많았다. 정작 아군의 부대에 전달돼야 할 보급품들이 중간에 증발하여 적의 수중으로 들어가곤 했던 것이다.

이런 상황인지라 함명수는 해군 장병들을 베트남에 보내놓고 항상 마음이 편치 않았다. 함명수의 마음 한구석에는 항상 이역만리 사지(死地)에서 근무하고 있는 어린 병사들이 자리 잡고 있었다. 백구부대가 창설되자 함명수는 해군 장병들의 사기를 높이기 위해 백구부대의 부대기(部隊旗)를 직접 가지고 베트남으로 향했다. 그때 함명수는 일부러 구축함 충무함(DD-91)을 타고 갔는데 남베트남군에게 한국 구축함의 위용을 과시하기 위해서였다. 함명수 제독은 그때의 감회를 이렇게 얘기한다.

> "내가 이제 연말이면 예편을 하는데, 우리 장병들이 LST를 타고 왔다 갔다 하는 그 뱃길을 나도 한 번 가보고 싶었어요. 그리고 베트남 사이공만에 태극기를 올려서 우리 백구부대기를 수여해야지. 해군에 배가 있으니까 움직일 수 있지 않느냐. 내가 그렇게 우겨서 갔어요."

5월 31일, 베트남 사이공에 도착한 함명수는 충무함 함상에서 백구부대 사령관 이응기 대령에게 부대기를 전달했다. 그때 함명수는 역사적인 이 행사에 해군사관학교 생도들을 기수단 요원으로 데려갔는데, 이때 그를 수행한 정보참모 김규섭 대령, 충무함 함장 김종곤 대령, 그리고 장정길 사관생도는 훗날 해군참모총장을 역임한다.

1966년 5월 31일, 백구부대 사령관 이응기 대령에게 부대기를 전달하는 함명수 총장(왼쪽)

일주일 동안 맹호부대, 청룡부대 등 주월한국군 부대를 방문한 함명수는 일정을 마친 후 남베트남의 대통령 티우(Nguyen Van Thieu)를 방문했다. 접견 자리에서 함명수가 티우에게 향후 베트남전쟁을 어떻게 전망하는지 물어보았더니 티우는 "아주 낙관적"이라고 대답했다고 한다. 하지만 귀국길에 방문한 대만의 장개석(蔣介石) 총통은 티우와는 다른 의견을 개진했다고 한다.

"미국이 그렇게 많은 전비(戰費)를 쓴다는 것은 초현대적인 첨단 장비를 동원한다는 뜻일 것이오. 그런데 월맹은 맨발로 뛰는 전쟁을 하고 있습니다. 이런 비대칭적인 전쟁의 결말은 결국 국민이 결정하게 될 것이오."

"티우 대통령이 매우 낙관적인 전망을 갖고 있으며, 미국이 베트남전쟁에 하루 1억 달러 이상을 쓰고 있다는 내말에 장 총통은 이렇게 반응했다. 국민의 사기가 전쟁을 좌우하게 될 것이라고 예견한 그의 혜안(慧眼)이 새삼 놀라웠다." 함명수는 장개석 총통이 이미 남베트남의 패망을 예견하고 있었다고 회고한다.

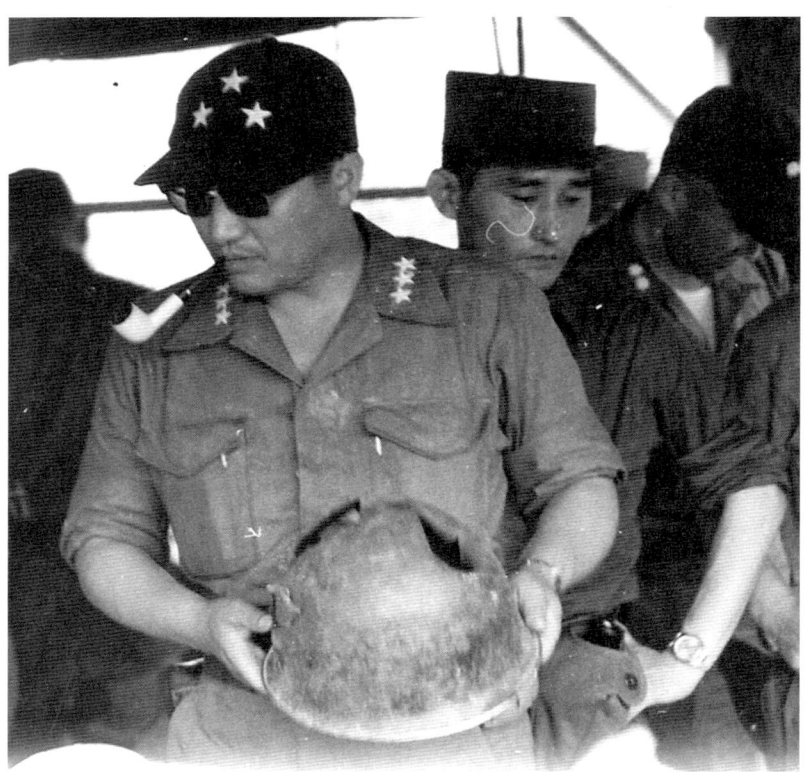

주월한국군 부대를 시찰하는 함명수 총장

함명수는 PF 66함 함장 시절부터 참모총장이 될 때까지 줄곧 해군 퇴역 장병들의 취업문제에 대해 부심했다. 1950~1960년대는 대한민국이 세계에서도 손꼽히는 가난한 나라였던 탓에, 해군 장기 복무자들은 만기제대를 하거나 계급 정년으로 예편을 하게 되면 마땅한 취직자리를 찾을 수가 없었다. 함명수는 베트남에서 그 해결책을 찾았다.

베트남전 때 베트남에 파병된 미군의 군수물자 수송은 미 해군장관 소관인 MSTS(Military Sea Transportation Service)가 전담하고 있었다. 대한민국 국민소득이 100달러 수준이었던 1966년 당시 MSTS 선장의 월급은 무려 680달러에 달했다. 함명수는 MSTS에 주목했다. 우리 해군의 예비역 장병들을 MSTS에 취직시키면 취업문제도 해결되고 막대한 달러도 벌어들이는 일석이조라고 생각한 것이다.

함명수는 1966년 1월 13일, 미 국방부를 방문하여 닛제(Nitse) 해군장관으로부터 미국 공로훈장(Legion of Merit Degree of Commander)을 받았다. 함명수는 이 자리에서 우리 해군 예비역 장병들을 MSTS에 취업시켜달라고 교섭하여 닛제 장관의 확약을 받아냈다. 하지만 MSTS에 취업하려면 반드시 해기사(海技士) 면허증이 있어야 했다. 그것이 문제였다. 장기 복무자 출신 예비역들은 오랜 동안의 함상 경험이 있기 때문에 실무는 자신이 있었지만, 늦은 나이에 해기사 면허증을 딴다는 것은 무리가 있었다.

함명수 총장에게 공로훈장을 수여하는 닛제 미 해군장관

이에 함명수는 귀국 후 박정희 대통령에게 닛제 장관과의 교섭결과를 보고하면서 "해군 장병 출신은 오랜 함상근무로 실기 경험이 충분하니, 필기시험을 치르지 않고 해기사 면허증을 줘야 한다."고 건의했다. "국내에서 자격증을 주는 일은 어렵지 않으니 외항선 취직 문제는 함 총장이 해결하시오." 박정희 대통령의 답변이었다. 면허 문제는 어렵지 않으니 면허를 딴 사람들을 미국 배에 태우는 일은 전적으로 함명수 당신이 책임지라는 얘기였다. 함명수는 뛸 듯이 기뻤다.

하지만 면허를 내주는 주무부서인 교통부의 입장은 달랐다. 함명수는 안경모 교통부장관에게 해군 장기 복무자들에게는 해기사 면허 필기시험을 면제하고, 구두시험관도 해군참모총장이 추천하는 인사로 해달라고 요청했다. 그렇지만 해양대학이나 해운계 학교 출신들과의 형평성을 고려하지 않을 수 없었던 안경모 교통부장관은 이 요청을 거절했다. 그럴 수밖에 없었던 것이 당시 대한민국의 해운업계는 해양대학을 비롯한 해운계 학교 출신들조차 수용할 능력이 없었던 것이다. 선원은 있어도 그들을 태울 선박이 없는 것이 가난한 나라 대한민국의 현실이었다. 그런 까닭에 해군 출신들에게 면허증을 남발할 수가 없었던 것이다.

결국 함명수는 박정희 대통령을 찾아갔다. 함명수의 얘기를 듣고 있던 박정희 대통령이 그 자리에서 전화기를 들었다. "안 장관, 당신 지금 장관시험 치면 붙을 수 있겠어?" 안경모 장관은 대통령의 뜻을 거스르면서까지 자신의 뜻을 고집할 수 없었다. 사실 함명수와 안경모는 국방대학원 동기생으로 절친한 사이였다. 함명수 제독은 그때를 생각하면 지금도 안 장관에게 미안하다고 얘기하곤 한다.

결국 해군 예비역들이 MSTS에 대거 취업할 수 있는 길이 열렸다. 이렇게 해서 연인원 1만2천명의 해군 예비역 장병들이 MSTS 소속 선박들의 선장을 비롯하여 기관장·항해사·기관사 등으로 취업하여 외화를 벌어들이는데 일조를 하게 된다.

1966년 8월 5일, 진해에서 고속 수송함 아산함과 웅포함의 취역식이 거행됐다. 아산함과 웅포함은 우리 해군에서 APD(고속 전투수송함), 다목적 수송함, 또는 High Speed Transportation Ship 등으로도 불리는 함정이다. 구축함과 똑같이 5인치 주포를 탑재하고 있는 APD는 말 그대로 함포지원도 하고, 상륙작전도 지원하고, 해상경비 임무도 수행하는 다목적 함정이다. 이전까지는 미국에서 인수한 모든 함정을 미국 현지에서 수리하고 정비한 후 한국으로 가지고 왔는데, 아산함과 웅포함은 우리 해군이 직접 정비하고 수리해서 최초로 취역시킨 함정들이었다. 아산함과 웅포함은 취역 이후 베트남의 수송작전과 영해 경비 등의 임무를 수행하게 된다.

아산함과 웅포함 취역식에 참석한 함명수 총장(단상 왼쪽)과 박정희 대통령(단상 오른쪽)

그런데 여기서 주목해야 할 것은 아산함과 웅포함은 그해 1월에 미 해군을 방문했던 함명수가 미 해군참모총장 맥도널드 제독을 설득하여 도입한 함정이라는 것이다.

1966년 1월, 닛제 해군장관으로부터 대한민국 해군 예비역 장병들의 MSTS 취업 확약을 받아낸 함 총장은 이어 맥도널드 미 해군참모총장에게는 잠수함 지원을 요구했다. 하지만 잠수함은 구축함과 마찬가지로 국회의 동의를 얻어야 하는 사안이기 때문에 맥도날드 총장은 난색을 표하면서, "다음 기회에 다시 논의하자."고 발뺌을 했다.

함명수는 그대로 물러나지 않고 그 대신에 고속상륙함 2척과 대간첩작전에 필요한 해안방어용 레이더를 지원해달라고 요구했다. 하우스 게스트(House guest)로 초청한 동맹국의 해군 총수를 섭섭하게 대할 수 없었던 맥도널드 총장은 이 요청에는 즉석에서 동의할 수밖에 없었다. 함 총장의 개인적인 교섭능력의 결실이 바로 아산함과 웅포함이었던 것이다.

미 해군참모총장 맥도널드 제독

해군 사상 가장 청렴한 총장

1966년 9월, 함명수는 38세의 젊은 나이에 해군 중장으로 전역을 했다. 1946년에 해군사관학교 1기 생도로 입교한지 20년만이었다. 전역식장에서 그가 마지막으로 남긴 말은 "무능한 총장으로 물러나게 돼서 미안합니다."였다. 함명수가 스스로를 '무능한 총장'이라고 한데에는 이유가 있었다.

함명수가 해군참모총장에 취임한 후 한 달 반 정도 지난 1964년 10월 하순에 장성(將星)진급심사가 있었다. 그런데 해군에서 장성진급심사위원회에 진급 대상자를 올리지 않자 김성은 국방장관이 함명수에게 전화를 걸어 그 이유를 물었다. "함 총장, 해군에서는 왜 장성 진급 대상자를 올리지 않은 것이오?" 함명수의 대답은 간단명료했다. "해당자가 없습니다."

김성은 장관이 박정희 대통령에게 결재를 받으러 갔을 때 당연히 박정희 대통령도 김성은 장관에게 똑같은 질문을 했다. "어떻게 된 일이요?" 김성은 장관의 대답 또한 걸작이다. "해당자가 없답니다."

함명수가 장성 진급자를 올리지 않은 데에는 깊은 뜻이 있었다. 당시 해군 장성들은 모두가 해사 1기생들이었다. 해군참모총장은 물론 참모차장, 작전참모부장 등 모든 요직을 1기생들이 차지하고 있었고, 장성 진급 대상자들도 1기생들이었다. 함명수는 후배들에게 물꼬를 터주고자 했던 것이다.

하지만 쉽지 않은 일이었다. 참모차장의 처남이며 함명수와도 1기 동기생인 모 대령을 비롯한 동기생들의 항의가 빗발쳤다. 육군의 실력자인 모 3성장군도 해군대령인 자신의 친동생을 돌봐달라는 부탁을 해왔다. 그렇지만 함명수는 모든 청탁을 거절했다. 함 제독의 회고다.

"예편한 후에 박정희 대통령이 그래요. 당신 임기를 못 채울 줄 알았소. 그래서 그게 무슨 말씀이신지요? 물었더니, 내 임기 동안 투서가 아주 많이 들어왔다고 해요. 장군 진급을 못한 친구들이 투서를 보냈나 봐요."

다음해인 1965년 10월, 이번에도 함명수는 진급 대상자를 올리지 않았다. 이번에는 박정희 대통령이 함명수를 직접 호출했다. 함명수의 대답은 1년 전과 똑같았다. "해당자가 없습니다." 박정희 대통령이 다시 물었다. "해당자가 없다니 정말 해군에는 인재가 없는 것이오?" 함명수가 대답했다. "이미 4차까지 제독으로 진급시킨 1기생들을 다시 5차, 6차 장성으로 진급시키면, 2기와 3기는 언제 제독이 되겠습니까.

해군을 위해 제가 십자가를 지고 '무능한 총장'이 되겠습니다." [17)]

그의 대답에 박정희 대통령은 함명수를 더욱 신뢰하게 된다. 참모총장이 되면 자신과 친한 사람들에게 별을 달아주어 자기 세력을 넓히는 것이 보통인데, '무능한 총장'을 자처하며 해군의 발전을 위해 헌신하는 함명수의 청렴함에 다시 한 번 감동했던 것이다.

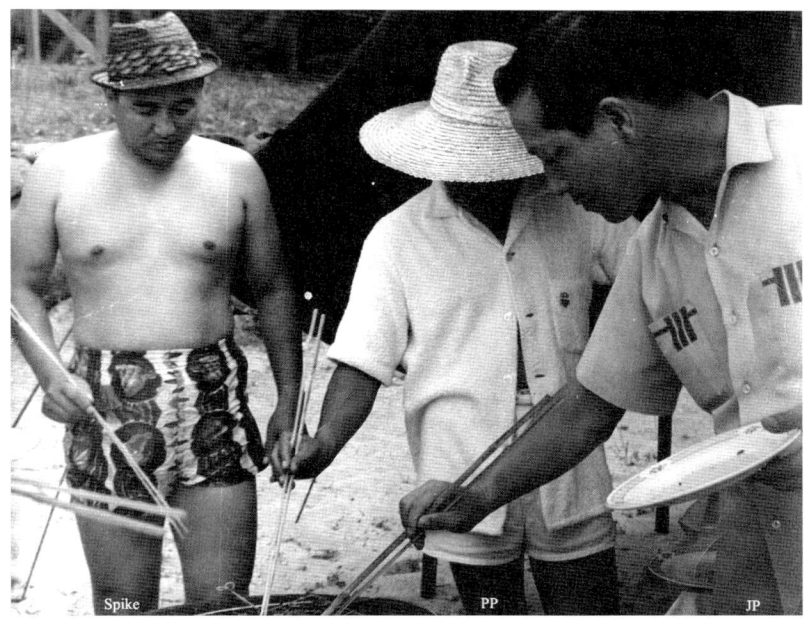

1965년 여름, 저도(경남 거제시 장목면)에서 여름휴가를 즐기는 박정희 대통령(가운데)과 함명수 해군참모총장(왼쪽), 김종필 민주공화당 당의장.

---

17) 함명수 증언, 2016년 3월 9일, 명동소육(明洞燒肉) 음식점

군복을 벗고 사회로 나서다

해군 전역 후, 세간에는 함명수가 한국석유공사의 사장으로 내정되었다는 설이 나돌았다. 전임 사장 이성호 제독의 추천도 있었고, 박 대통령의 신임도 두터웠기 때문에 그것은 거의 기정사실로 받아들여졌다. 함명수 본인도 그렇게 알고 있었다고 한다. 하지만 해군참모총장 출신들이 연거푸 석유공사 사장을 맡아서는 안 된다고 일부 측근들이 반대 의견을 피력하자 박정희 대통령은 마음을 바꿨다.

전역 후 십여 일쯤 지났을까, 박 대통령이 함명수를 청와대로 불러 대한조선공사 사장직을 권했다. 해군 출신을 배 만드는 회사의 사장으로 임명하면 아무 잡음도 없을 것이라고 생각했던 모양이다. 당시 대한조선공사 사장은 제5대 해병대사령관 출신인 김두찬(金斗燦) 장군이었다. 함명수는 김두찬 장군이 아직 임기가 끝나지 않았음을 들어 완곡하게 사양을 했다. '해군과 해병대는 뿌리가 하나'라는 의리감이 작용했던 것이다. "듣고 보니 그렇군, 그만 가보게." 박정희다운 간단명료한 대답이 돌아왔다.

그리고 며칠 후 청와대 김학렬(金鶴烈) 정무수석비서관이 함명수에게 "대통령께서 수산개발공사의 사장을 맡으라고 하시니, 이번에는 아무 소리 말고 가셔야겠습니다."라고 전했다. 수산개발공사 또한 바다와 관계된 회사이니 아무 부담 없이 부임하라는 박정희 대통령의 배려였다.

수산개발공사 사장으로 재직하던 중 함명수는 공사가 추진하고 있는 사업 중에서 효율성이 떨어지는 사업을 발견하게 된다. 당시 수산개발공사는 이탈리아와 프랑스로 구성된 '이불차관단(伊佛借款團)'으로부터 1억2천만 달러를 빌려 원양어선을 건조하는 사업을 전개하고 있었다. 건조된 원양어선들은 남태평양까지 나가 참치를 잡고 있었다. 우선 1차로 6천만 달러를 빌려 90척의 원양어선을 건조하였는데, 함명수는 이 배들에게서 심각한 문제를 발견했다.

한 마디로 배들이 비효율적으로 만들어져 있었다. 식당과 선실 등 부대시설을 너무 화려하게 만들어 원양어선인지 호화여객선인지 구별이 되지 않을 정도였다. 단적인 예를 들어보면 선원들의 모든 침실에 에어컨이 설치되어 있을 정도였다. 전력을 많이 쓰는 구조로 설계된 배인지라 당연히 연료 탱크가 차지하는 면적이 턱없이 넓었다. 반면에 물고기를 저장하는 어창(魚艙)은 협소하기 그지없었다. 아무리 손익계산을 해봐도 어획량보다 기름이 더 들어가 수지가 맞지 않았다. 게다가 잡아온 참치를 수출할 곳도 마땅치가 않았다. 이왕 만들어진 배는 어쩔 수 없다 하더라도, 참치를 수출할 판로를 먼저 확보하지 않은 상태에서 무턱대고 차관을 더 들여올 수 없다는 것이 함명수의 판단이었다.

함명수는 수산개발공사에 부임하기 전에 장기영(張基榮) 부총리 겸 경제기획원장관이 "나머지 6천만 달러의 차관을 조속히 집행하라."고 신신당부했던 말을 떠올렸다. 하지만 아무리 생각해봐도 이 상태로는 차관을 더 들여올 수 없었다. 함명수가 이런 사실을 박정희 대통령에게 문서로 보고하자, 박 대통령으로부터 청와대로 들어와 직접 보고하라는 전갈이 왔다. 함명수의 대면보고를 받은 박 대통령은 프랑스에 가서 일을 해결해보라고 지시했다.

프랑스로 출장을 간 함명수는 이불차관단 단장에게 "차관으로 건조한 원양어선들이 잡아오는 참치를 수출할 판로(販路)가 없다. 참치를 팔 수 없으면 더 이상 배를 만들 이유가 없으니 판로를 마련해달라."고 요구했다. 그러자 차관단장은 "수출할 곳이 마땅치 않으면 대한민국 국내에서 소비를 하면 될 것이 아닌가."라고 반문했다. 함명수는 "아직 우리의 경제와 국민의 상황이 참치 같은 비싼 생선을 사먹을 수 있는 수준이 아니다. 그러니 차관단에서 판로를 마련해줘야 한다."고 강력하게 요구했다.

결국 함명수와 이불차관단은 프랑스 정부를 움직여 남태평양에 있는 타히티 섬에 참치 통조림공장을 세우는 방안을 추진해보기로 했다. 타히티(Tahiti)는 남태평양 프랑스령 폴리네시아에 속한 소시에테 제도(諸島)에서 가장 큰 섬으로 1880년에 프랑스의 식민지가 되었으며,

1957년에 정식으로 프랑스의 해외영토가 되었다. 타히티는 프랑스에서 파견한 총독이 통치하고 있었다.

함명수는 프랑스 해부(海部) 장관을 만나 이 문제에 대해 논의했다. 함명수의 얘기를 들은 해부장관은 난색을 표했다. 프랑스는 타히티를 자국의 영토로 편입한 후 섬 곳곳에 현대적인 리조트를 건설하여 세계적인 관광지로 육성하고 있었다. "과연 타히티 총독이 세계적인 관광지에 통조림공장을 세우는 일에 찬성하겠느냐?"는 것이었다. 함명수는 "그래도 한 번 가서 타히티 총독의 의향을 타진해보자. 밑져야 본전 아닌가."라고 해부장관을 설득했다.

함명수와 해부장관이 타히티로 날아갔다. 하지만 타히티 총독의 반응은 해부장관의 예상 그대로였다. 일언지하에 거절을 당한 것이다. 함명수는 포기하지 않고 몇 차례 더 총독의 관저로 찾아가 설득을 시도했지만, 총독은 완강했다. 결국 통조림공장 건립계획은 무산되고 말았다.

한국으로 돌아온 함명수는 박정희 대통령의 재가를 받아 이불차관단으로부터 도입하기로 한 나머지 6천만 달러의 차관을 취소했다. 하지만 이 사실을 알게 된 장기영 부총리는 노기등등했다. 함명수의 대면보고를 거절하고 문전박대를 했을 정도였다. 결국 어느 날 아침 일찍 통보도 없이 장기영의 집무실을 방문한 함명수는 장기영에게 사의를 표명했다.

다음 날, 청와대 김학렬 경제수석이 함명수에게 박 대통령이 사표를 수리했다는 소식을 알려주었다. 그리고 2주일 후 박정희 대통령은 함명수를 한영공업주식회사의 사장에 임명했다.

1962년 5월에 변압기를 만드는 회사로 출발한 한영공업주식회사는 1975년에 효성그룹의 계열사로 합병되었고, 1977년 11월에는 효성중공업㈜으로 상호를 변경하여 2016년 현재까지 초고압변압기와 차단기, 변류기, 발전기 등의 중전기기를 제조하는 업체다.

1968년, 한영공업주식회사의 사장으로 부임한 함명수는 그 다음해인 1969년에 대한민국 최초로 154kV 초고압 변압기를 개발하는 등 기업가로서도 탁월한 리더십을 발휘한다.

대한민국 최초의 154kV 초고압 변압기를 시운전하는 날인 1969년 10월 20일, 예고도 없이 상공부 김정렴(金正濂) 장관이 행사장으로 찾아와 함명수에게 장관표창을 수여했다. 154kV 초고압 변압기의 개발이 그만큼 대한민국 산업발전에 획기적인 공헌을 하는 사건이었던 것이다. 이날 김정렴은 함명수에게 "이것이 상공부장관으로서 수여하는 마지막 표창장이 될 것 같군요."라는 말을 남겼다. 함명수는 하루 종일 "그게 무슨 의미일까?" 하는 생각을 떨쳐버릴 수가 없었다고 한다. 그 의문은 그날 저녁 KBS TV 뉴스를 시청하면서 풀리게 된다. 김정렴이 대통령 비서실장으로 영전을 한 것이다. 여담이지만 김정렴은 제3공화국 시절 가장 장수한 비서실장(1969년 10월 21일~1978년 12월 22일)으로 활약하게 된다.

한영공업주식회사 시절에도 박 대통령의 신뢰와 전폭적인 지지는 끊임없이 이어졌다. 우연(偶然)도 함명수를 도왔다. 어느 날 오후, 함명수는 작업 중에 젊은 직원 한 사람이 부상을 당했다는 급보를 받고 공장으로 향했다. 작업복 차림으로 공장에 도착한 함명수는 병원 응급실과 작업장을 분주하게 오가며 후속처리에 여념이 없었다. 마침 그때 박정희 대통령이 불시 시찰을 나왔다. 박 대통령은 기름투성이의 작업복을 입고 뛰어다니는 함명수를 목격하고는 감동을 받게 된다.

뒤늦게 박 대통령을 발견한 함명수가 "각하, 예고도 없이 어떻게 오셨습니까?" 하고 당황해하자, 박정희는 미소를 지으며 이렇게 말했다고 한다. "함 제독이 공장장이나 마찬가지구만. 내가 도울만한 일이 있으면 얘기해보시오." 대통령과 독대를 한 김에 할 얘기는 하자고 생각한 함명수는 회사의 자금사정이 좋지 않으니 1억 원쯤 지원해달라고 요청을 했다. 다음은 함명수 제독의 회고다.

> "박 대통령께서 동행한 경호원에게 즉시 산업은행 총재를 연결하라고 하시더군요. 그리고 직접 수화기를 받아들더니 이렇게 말해요. "한영공업주식회사에 1억 원을 지원해줄 수 있겠소?" 다들 깜짝 놀랐지요."[18]

---

18) 함명수 증언, 2016년 3월 9일, 명동소육(明洞燒肉) 음식점

국회의원이 되다

한영공업주식회사 사장을 그만두고 한동안 야인생활을 하던 함명수는 1973년 2월, 제9대 국회의원(유정회)으로 정계에 입문하게 된다. 이후 총 7년 동안 국회의원으로 활동한 함명수는 상공위원과 국방위원, 유정회 원내부총무, 보건사회위원장 등을 맡아 활발한 입법 활동을 펼친다.

1974년 11월 15일, 온 국민을 경악하게 하는 사건이 발생했다. 북한이 남침용으로 파내려온 제1땅굴이 발견된 것이다. 제1땅굴의 발견은 당시 우리 사회에 큰 충격을 던졌다. 땅 밑으로 침투한다는 발상 자체도 경악스러웠지만, 무엇보다 그 규모와 구조가 엄청났던 것이다.

땅굴은 폭이 1m, 높이 1.2m인 반영구적 콘크리트 구조물이었다. 터널 곳곳에는 공사를 격려하는 구호들과 공사의 진척 상황을 나타내는 날짜들이 표시돼 있어 북한의 야욕을 적나라하게 드러내고 있었다.

남침용 땅굴. 상상조차 할 수 없었던 북한의 남침 기도에 국민들은 큰 충격에 휩싸였다. 아울러 다시 한 번 전 국민에게 북한에 대한 경각심과 안보의식을 불러일으켰다.

제1땅굴 발견 후 우리 군은 곧바로 두 번째 땅굴을 찾기 시작했다. 그리고 다음 해인 1975년 3월 19일, 제2땅굴이 발견됐다. 제2땅굴은 철원지역 DMZ의 중앙분계선을 넘어 남방한계선 남쪽으로 500m 지점까지 내려와 있었다. 새롭게 발견된 땅굴은 암석층을 뚫어 굴착했으며, 높이와 폭이 2m 이상이어서 차량은 물론 소형 견인포까지도 충분히 통행할 수가 있었다. 사단 규모의 병력을 단 1시간 내에 남침시킬 수 있는 위협적인 규모였다. 그야말로 군사분계선을 무력화할 수 있는 규모였다. 충격은 여기에서 그치지 않았다.

그로부터 불과 40여일이 지난 1975년 4월 30일, 남베트남의 수도 사이공이 함락됐다. 이날 오전 11시 30분, 북베트남의 T54 탱크가 남베트남 대통령궁을 점령하면서 베트남공화국이 멸망하고, 베트남민주공화국이 적화통일을 완수한 것이다.

베트남 공산화와 UN 참전국 감사사절단

1973년 1월 27일, 프랑스 파리에서 미국과 남베트남(월남), 그리고 북베트남(월맹), 남베트남민족해방전선(베트콩) 대표들이 평화협정에 조인함으로써 베트남전쟁은 일단 막을 내렸다. 4년 9개월 동안 지루하게 계속된 평화협상이 마침내 종지부를 찍었던 것이다. 이로써 다음날인 1월 28일을 기해, 미군과 한국군 등 모든 외국군은 60일 안에 베트남을 떠나야 했다.

하지만 그로부터 불과 2년이 조금 지난 시기에 북베트남이 다시 남베트남을 침공했다. 1975년 3월 10일 오전 2시, 북베트남 공산군이 3개 사단을 동원하여 중부 베트남에서 남침 총공세를 감행, 노도같이 밀고 내려왔다. 이로써 파리 평화휴전협정은 휴지조각으로 변했다. 국론이 분열되어 있는데다가 부정부패가 만연하여 국민의 사기가 떨어지고, 군의 전투력도 현저히 떨어져 있는 남베트남은 북베트남의 상대가 못 되었다.

북베트남의 남침공세가 시작된 지 단 51일 만에 남베트남의 수도 사이공이 함락되리라고 그 누가 생각조차 할 수 있었겠는가. 북베트남군은 삽시간에 중부 베트남을 석권했다. 남베트남군은 제대로 싸워보지도 않고, 민간인 옷으로 갈아입고 도망가기에 급급했다.

3월 27일에는 남베트남 제2의 항구도시 다낭이 월맹군에게 포위되었다. 이에 고무된 북베트남 정치국과 공산당 중앙군사위원회는 이날 합동회의를 개최하여, 우기(雨期)가 시작되는 5월 10일경까지 사이공을 점령하기로 목표를 세웠다. 그리고 결국 북베트남의 목표보다도 열흘 전인 4월 30일에 남베트남의 수도 사이공이 함락되고 말았다.

남베트남의 패망은 세계정세에 아주 커다란 영향을 미쳤다. 즉 미국이 적극적으로 지원했던 남베트남이 공산주의에게 패망함으로써, 미국의 힘의 한계를 드러낸 것이다. 자유 우방 국가들의 불안감을 자극하기에 아주 충분한 사건이었다. 반면 김일성을 비롯한 공산주의자들에게는 득의양양(得意揚揚)하는 그런 계기가 되었다. 세계에서 독일에 이어 두 번째 분단국가인 한국의 입장에서는 김일성의 남침위협에 더욱 전전긍긍할 수밖에 없었다.

제1땅굴과 제2땅굴 발견으로 인한 충격이 채 가시기도 전에 들려온 자유 베트남의 패망 소식으로 체제수호에 대한 위기의식이 극에 달했다. 더구나 1975년은 6·25전쟁 25주년이 되는 해였다. 위기감을 느낀 정부는 국민과 정부, 그리고 군의 힘을 결집하여 총력안보 태세에 돌입하게 된다.

가장 크게 위기감을 느낀 사람들은 군의 원로들이었다. 6·25전쟁을 몸으로 막아냈던 그들은 이런 때일수록 미국을 비롯한 UN 참전국들과의 관계를 더욱 공고히 해야 한다고 판단했다.

그해 6월, 대한민국 국회는 UN 참전국들에게 감사사절단을 파견했다. UN 참전국들에게 감사사절단을 파견하자는 아이디어를 낸 사람은 군사영어학교 출신(군번 51번)으로 육군참모총장, 합참의장, 국방부장관을 역임하고 3선(7~9대) 의원으로 활약한 최영희(崔榮喜·당시 54세) 의원이었다. 최영희 의원이 정일권(丁一權·5대와 8대 육군참모총장 역임) 국회의장을 찾아가 감사사절단 파견을 성사시켰던 것이다.

가장 중요한 국가는 역시 미국이었다. 당시 상황으로 봤을 때, 미국 대통령(38대) 제럴드 포드(Gerald R. Ford)로부터 한미동맹이 여전히 확고부동하다는 것을 대내외에 선언하도록 하는 것이 절실했다. 따라서 미국에 파견되는 사절단은 가장 비중이 있는 인물들로 구성됐다. 함명수도 최영희(단장·16대 국방부장관 역임) 의원, 정래혁(丁來赫·18대 국방부장관 역임) 의원, 김창규(金昌圭·5대 공군참모총장 역임) 의원, 강기천(姜起千·7대 해병대사령관 역임) 의원 등과 함께 미국 사절단에 선발됐다.

일단 사절단이 구성되자 자연스럽게 여러 가지 현안(懸案)들이 제기되었다. 가장 먼저 떠오른 문제는 미 의회 상원과 하원 의원들 중 6·25전쟁에 참전했던 인물들의 명단을 입수하는 일이었다. 그 문제는 지갑종(池甲鍾) 씨가 해결해주었다.

연희전문(연세대학교의 전신) 상과를 졸업한 지갑종은 광복 후 미 군정청에서 문관으로 복무하였으며, 6·25전쟁 당시에는 로이터 통신 종

군기자로 활약한 언론인이었다. 연합신문 정치부 차장으로 근무하던 1958년, UN 참전국 16개 나라를 순방하며 참전용사를 취재하였고, 취재 당시 만난 각국 참전용사들의 건의를 받아들여 1963년에 UN한국참전국협회를 창설했다. 이후 제11대와 12대 국회의원을 지냈으며, 2016년 현재까지 UN한국참전국협회 회장으로 활동하고 있는 노익장이다. 지갑종은 6·25전쟁 당시 친교를 맺은 미 하원 머피(John M. Murphy) 의원을 통해 6·25 참전용사 출신 의원 40여 명의 명단을 입수하여 최영희에게 전달했다.

명단을 전달받은 최영희 단장의 다음 고민은 미 의회 의원들과 미 대통령에게 무엇을 선물하는 가였다. 아직은 살림이 궁핍했던 개발도상국의 국회의원으로서 당연한 고민이었다. 어떤 선물을 해야 대한민국의 품위를 유지하면서 세계 최선진국의 대통령과 국회의원들을 만족시킬 수 있을까? 고민을 거듭하던 최영희 단장이 함명수에게 그 임무를 맡겼다.

함명수라고 별 뾰족한 수가 있을 리 없었다. 당시는 한국을 방문한 외국 여행객들이 구입할 마땅한 기념품조차 없던 시절이었다. 부심을 하던 함명수가 선택한 것은 기념액자였다. 동판으로 제작한 액자에 감사의 글을 적어 전달하기로 한 것이다. 문제는 누구에게 글을 맡기는 가였다. 생각 끝에 선택한 사람은 '국군은 죽어서 말 한다'라는 시로 유명한 당대 최고의 여류시인 모윤숙(毛允淑)이었다. 모윤숙은 기꺼이 감사의 글을 써주었고, 영문 작문도 그녀의 딸이 해주었다. 글은 짧고 단순했지만, 한미 양국 참전용사들의 영원한 전우애(戰友愛)를 함축적으로 담아낸 명문이었다.

"오직 평화를 위해, 우리는 산을 넘고 강을 건너 빗발치는 총탄을 뚫으며 용감하게 싸웠습니다. 이에 영원한 감사의 마음을 담아 그대에게 이 상패를 드립니다."

"Together we have fought, through the rain of gunshots, along the mountains and rivers, for peace, we were brave, for peace only, we present to you a plaque now that rings high with our lasting gratitude."

함명수의 생각은 대성공이었다. 감사패를 받은 미 의원들이 대단히 만족했을 뿐만 아니라, 우리 사절단에게 답례로 증정한 감사패에도 모 시인이 쓴 문구를 토씨 하나 고치지 않고 그대로 수록했던 것이다.

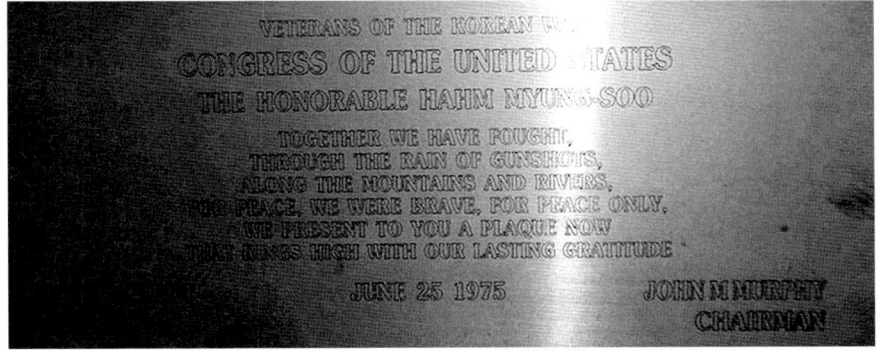

감사패

의원들에게 줄 선물을 해결한 함명수는 인사동을 찾아갔다. 포드 미 대통령에게까지 감사패로 선물을 대신할 수 없었던 것이다. 함명수는 당시 돈으로 20만 원짜리 고려청자를 구입했는데, 이 청자를 받은 포드 대통령이 대단히 흡족해했다고 한다. "도자기를 보는 안목은 언제 익히셨습니까?" 나의 질문에 대한 함 제독의 답변이 걸작이다. "가짜인지 진짜인지 내가 어떻게 알겠소? 그냥 믿고 샀지."

　미국에 체류하는 2달 동안의 여비는 정일권 국회의장이 마련해주었다. 사절단이 떠나는 날, 정일권 의장은 최영희 단장의 손을 잡고 "다른 비용을 줄이더라도 숙소만큼은 일류 호텔로 잡으라."고 신신당부했다. 비록 가난한 나라의 국회의원들이지만, 호텔을 찾아오는 옛 전우와 방문객들에게 궁기(窮氣)를 보이지 말라는 얘기였다. 지금 생각해보면 실로 가슴이 찡한 얘기가 아닐 수 없다.

　미국의 수도 워싱턴 D.C.에 도착한 사절단은 정일권 의장의 당부대로 일류호텔인 워터게이트(The Watergate) 호텔에 여장을 풀었다. 워터게이트 호텔은 미 37대 대통령 리처드 닉슨(Richard M. Nixon)을 사임하게 만든 워터게이트 사건이 일어난 장소로 유명한 호텔이었다.

　사절단이 미 의회를 방문하자 상원과 하원의 의원으로 활동하고 있는 40여 명의 참전용사들이 반갑게 맞아주었다. 특히 유명한 우주비행사 출신 존 글렌(John H. Glenn) 상원 의원은 분에 넘칠 정도의 환영식을 마련해주었다. 그는 6·25전쟁에 전폭기 조종사로 참전했던 해병대 대령 출신으로 같은 해병대 출신인 강기천 장군과 절친한 사이였다.

　다음 방문지인 미 국방부에서 함명수는 귀가 솔깃한 얘기를 듣게 된다. 그것은 대한민국 해군이 도입을 추진하고 있는 하푼 미사일 문제가 미 국무부에 계류 중이라는 것이었다. 당시 대함미사일 하푼(Harpoon)의 도입은 해군의 숙원사업 중 하나였다. 이 얘기를 들은 이상 가만히 수수방관만 할 함명수가 아니었다.

미 국무부를 방문하는 날, 함명수는 국무부 차관인 하비브(Philip Charles Habib)를 찾아갔다. 주한 미 대사로 근무한 적이 있는 하비브는 함명수와 친분이 있는 사이였다. 함명수는 국무부에 계류 중인 하푼 미사일 도입 건을 신속하게 승인해달라고 하비브를 설득했다. 결국 대한민국 해군의 오랜 숙원이 함명수 제독에 의해서 해결됐다. 해군을 떠났어도 함명수는 어쩔 수 없는 해군이었던 것이다.

6·25전쟁 발발 25주년 당일인 1975년 6월 25일, 사절단과 포드 대통령의 만남이 성사되었다. 포드 대통령이 사절단을 백악관으로 초청하여 로즈 가든(Rose Garden)에서 환영행사를 열어준 것이다. 이날 포드 대통령은 내외신 기자들 앞에서 한미방위공약은 확고부동하다고 천명했다.

기자회견이 끝난 후, 포드 대통령은 자신의 집무실에서 참전 의원들과 함께 사절단이 회포를 풀 수 있는 만남의 자리를 다시 마련해주었다. 특별대접이었다. 포드 대통령은 이날 "대한민국은 베트남과는 다르다. 베트남은 스스로를 지킬 의지가 부족해 무너졌지만, 대한민국은 6·25전쟁 당시 온 국민이 나라를 지키기 위해 노력했다. 미국은 스스로를 지킬 의지가 있는 대한민국을 끝까지 지원할 것이다."라는 말로 다시 한 번 한미동맹의 굳건함을 강조했다. 사절단 파견이 생각 이상의 성과를 거두었던 것이다.

Rose Garden Ceremony
포드 대통령이 백악관 Rose Garden 기자회견에서 한미 방위공약은 확고 부동함을 闡明하고있다
< H-함명수 제독 F-포드 대통령 C-최영희 장군 >

로즈가든에서 한미동맹의 굳건함을 천명하는 포드 미 대통령(F).
H가 함명수 제독, C가 최영희 장군이다.

1980년, 함명수는 공직을 떠나 야인으로 돌아갔다. 하지만 이 후에도 헌정회 고문(2003년~2016년 현재), 재향군인회 원로자문위원(2006년~2016년 현재), 해군협회 회장(2010년~2011년) 등을 맡아 군의 원로로서 활동을 하였고, 2015년부터는 민족중흥회 회장직까지 맡아 노익장을 과시하고 있다.

또한, 해군발전을 위해 기고(起稿) 활동도 병행하고 있다. 지금 함 제독은 자신이 대한민국 해군을 위해 마지막으로 해야 할 일을 '원자력 잠수함의 보유를 실현'하는 것이라고 생각하고 있다. 다음은 2015년에 함명수 제독이 쓴 기고문 '해군창설 70주년 힘찬 출발과 위대한 미래' 중에서 발췌한 글이다.

"많은 군사전문가들은 북한의 핵무기체계의 완성은 가능하다고 판단하고 있다. 이 엄중한 안보현실 앞에서 우리의 생존을 위한 대응전략은 과연 무엇인지 고민할 때라고 본다. 필자는 비대칭무기체계의 꽃인 원자력잠수함이라고 생각한다. 원자력잠수함의 가장 큰 매력은 우수한 기동력과 은밀성에 있다. 디젤잠수함과 원자력잠수함의 가장 큰 차이는 이동속도와 장기간의 잠수능력이다. 원자력잠수함은 지구 한 바퀴를 40여일 만에 돌 수 있다. 물론 40여 일 동안 물속에서 식품이나 연료보급을 받지 않아도 된다. 하지만 디젤잠수함은 지구를 한 바퀴 도는데 140여일이 걸린다. 중간에 연료와 식품을 몇 차례 공급도 받아야 한다.

적의 영해 깊은 곳에 오래 숨어 있어도 정찰위성으로도 탐지하기 어렵고 잠대지(潛對地) 미사일로 공격하기 때문에 적이 대처할 시간적 여유를 주지 않는다. 미 해군의 원자력잠수함이 국내에 입항하면 북한이 격한 반응을 보이는 것도 이 때문이다. 포클랜드해전에서 영국의 원자력잠수함 컨쿼러함은 종횡무진 활약하면서 전쟁을 승리로 이끌었다. 북한이 탄도미사일을 발사할 수 있는 잠수함을 건조하는 정황이 미 정보기관에 포착된 것으로 알려졌다. 이는 핵무기를 보유한 북한의 잠재적 위협을 크게 향상시키는 것이다.

우리나라도 과거 한국형 원자력잠수함을 건조할 계획이 있었으나 착수하기도 전에 좌절되었다. 2004년에 해군본부 내부에 원자력잠수함사업단이 만들어졌고 획득방안에 대한 연구도 진행되었다. 하지만 한국원자력연구소의 우라늄 농축시험 등 문제가 불거지면서 원자력잠수함사업은 보류되었다. 이 사업이 예정대로 추진되었다면 2015년 현재 두 번째 원자력잠수함이 전력화되었을 것이다.

그로부터 10여년이 지난 오늘날 한미원자력협정이 개정됨에 따라 우라늄을 20% 미만으로 농축할 수 있게 되었다. 20% 농축우라늄은 원자력잠수함의 동력으로 사용할 수 있다. 뿐만 아니라 우리나라는 원자력발전소를 수출하는 세계 5위 원전 강국이다. 비록 잠수함 건조와 잠수함 함대의 역사는 일천(日淺)하지만 괄목할 만한 발전을 하고 있다. 따라서 우리가 원자력잠수함을 보유한다는 것은 경제적·기술적인 문제보다도 우리의 의지에 달려있다. 정치지도자들의 강력한 리더십이 요구되는 대목이다."[19]

---

19) 한국해양전략연구소, 「STRATEGY 21 제37호」, PP. 26~27.

함명수를 말한다

2008년 9월 28일, 육해공군과 해병대는 건군 60년을 맞아 '군인정신의 표상'으로 추앙받는 명장(名將) 18명(육군 6명, 해군 5명, 공군 3명, 해병대 4명)을 선정했다.

육군에서는 김백일(1917.~1951.) 중장과 김용배(1921.~1951.) 준장, 김성(1923.~1993.) 준장, 이순호(1928.~1952.) 소령, 고태문(1929.~1952.) 대위, 홍창원(1932.~1952.) 소위가 선정됐다.

공군은 공군창설의 주역 7인에도 포함되는 최용덕(1898.~1969.) 중장, 이근석(1917.~1950.) 준장, 김영환(1921.~1954.) 준장을 뽑았다.

해병대는 통영상륙작전의 주역인 김성은(1924.~2007.) 중장을 비롯하여 공정식(1925.~) 중장, 정경진(1936.~2015.) 중령, 이인호(1931.~1966.) 소령을 추천했다.

해군은 손원일(1909.~1980.) 중장, 함명수(1928.~) 중장, 현시학(1924.~1989.) 소장, 이태영(1927.~1951.) 중령, 지덕칠(1940.~1967.) 중사를 명장으로 꼽았다.

2016년 현재, 18명의 명장 중 생존해 있는 사람은 공정식 장군과 함명수 제독 두 사람뿐이다. 육해공군과 해병대를 망라한 명장 18명 중 한 사람인 함명수 제독은 어떤 인물일까.

함명수 제독을 한마디로 평가하라고 한다면 역시 '영원한 바다의 사나이'라는 표현이 가장 적절할 것이다. 그는 평생을 해군으로 살았다. 해군으로 복무할 때는 물론 전역 후에도 해군이었고, 지금도 여전히 해군이다. 그는 대한민국을 지키려면 해군이 더욱 강해져야 한다는 확고한 신념을 가지고 있다. 신념을 넘어 '종교적인 믿음'의 차원이라고 하는 것이 정확한 표현일지도 모른다. 대한민국 해군은 이런 인물이 해군의 원로라는 사실을 매우 자랑스러워해야 할 것이다.

인간 함명수는 많은 장점을 지닌 사람이다. 우선 그는 단호한 결단력과 초인적인 강단(剛斷)을 지닌 사람이다. 광복 당시 청년이라기보다는 소년에 가까웠던 17세의 어린 나이에 그는 서슴없이 군인의 길에 들어섰다. 지금은 군인이 안정된 직업이지만 그때는 썩 좋은 직업이 아니었다. 아니, 먹고 살기도 빠듯하고 장래가 불투명한 그런 직업이었다.

광복 후 일본인 교사들이 대거 자신의 나라로 돌아가 교사가 부족했기 때문에, 교사라는 직업은 안정과 장래를 보장하는 훌륭한 직업이었다. 평양사범학교를 졸업한 함 제독은 초등학교는 물론이고 중학교나 고등학교에서도 교편을 잡을 수 있었고, 대학교에 진학했을 경우에는 대학교수로 진출할 수도 있었다. 그런 좋은 조건을 내팽개치고 그가 군인의 길로 들어선 이유는 "광복이 되면서 첫째로 느낀 것은 역시 나라에는 나라를 지키는 군대가 있어야 되겠다. 우리나라가 결국 식민지가 된 것도 나라를 지킬 힘이 없으니까 그렇게 된 것 아닌가. 군인이 가장 신성한 남자의 직업이라는 생각이 들었기 때문"이었다.

함명수 제독의 결단력과 강단이 가장 돋보이는 부분은 그가 기획하고 수행한 '몽금포작전'과 'X-ray작전'이다. 해군 정보감 시절, 북한이 주한미군사고문단장 로버츠 장군의 전용보트를 몽금포로 훔쳐가자 그는 과감하게 몽금포를 치겠다고 나섰다. 현재를 살아가는 사람들은 "그까짓 보트 한 척 때문에 목숨을 걸어?"라고 생각할 수도 있다.

하지만 당시의 상황에서 봤을 때 그 보트는 단순한 보트가 아니라 대한민국 해군의 자존심이 걸린 보트였다. 적이 우리의 해군기지에 있던 보트를 제 집 안방인 것처럼 들어와 유유히 훔쳐갔으니, 자존심 회복 차원에서라도 반드시 찾아와야 했던 것이다. 북한이 이미 보트를 대동강으로 옮겨가는 바람에 배를 되찾아오지는 못했고, 함명수 자신은 작전 수행 중 양쪽 넓적다리에 총상을 입어 자칫하면 군인생활을 마감할 뻔 했다.

함명수는 총상으로부터 회복된 지 얼마 지나지 않아 인천상륙작전의 전초 작전인 X-ray작전을 수행하려고 첩보부대를 이끌고 다시 적진으로 향했다. 함명수는 이런 군인이다. 그의 용기와 강단은 후배 군인들이 본받아야 할 귀감(龜鑑)이라 할 것이다.

함명수 제독의 청렴함은 박정희 전 대통령까지 인정한 바 있다. 그는 해군참모총장을 그만 둘 때까지 셋방살이를 했다. 믿을 수 없을 정도로 청렴한 인물이라는 반증이다. 그의 청렴함은 정치의 격변기 속에서 여러 차례 자신을 구해내는 원동력이 되었다. 5·16 때도 그랬고, 해군참모총장 시절에도 그랬다. 수많은 투서와 모함 속에서도 그가 의연할 수 있었던 것은 평생을 청렴하게 살아온 그의 생활신조 덕분이었다.

청렴이라는 무기가 있었기에 그가 총장 시절에 두 번이나 장성진급심사에 진급 대상자를 올리지 않을 수 있었다는 생각이 든다. 과문(寡聞)한 탓인지 모르겠으나, 인사권(人事權)을 가지고 있으면서도 오로지 후배들을 위해 그것을 사용하지 않았다는 얘기는 일찍이 들어본 적이 없다.

보통 사람의 경우는 어떻게 해서든지 친분이 있는 사람들을 높이 등용하여 자신의 옆에 두려고 한다. 그렇게 해야 추종세력이 생기고 자신의 입지가 튼튼해지기 때문이다. 더구나 퇴임을 앞둔 경우는 더더욱 그렇다. 자기 세력을 심어놓고 나와야 전관예우(前官禮遇)를 받지 않겠는가.

또 하나 간과할 수 없는 것은, 인사권이 생기면 반드시 청탁이 들어오게 마련이라는 것이다. 그것을 들어주지 않을 경우, 청탁을 했던 사람은 적으로 돌변하게 된다. 그 사실은 함 제독도 충분히 알고 있었을 것이다. 그런데도 해군의 미래를 위해 자기 세력을 심지 않고, 적을 만들면서까지 인사권을 사용하지 않은 것은 정말 평범한 사람으로서는 하기 힘든 일이라는 생각이 든다. 사심(私心)을 버리고 정도(正道)를 걸으려고 하는 도인(道人)의 풍도가 보이지 않는가.

함명수 제독에게서 빼놓을 수 없는 것은 타고난 유머감각이다. 그는 항상 우스갯소리를 즐긴다. 게다가 지금도 버리지 못하는 구수한 평양사투리를 듣다보면 이 분이 정말 해군참모총장과 국회의원을 지낸 사람이 맞는가 하는 생각까지 든다. 그의 유머감각이 가장 빛을 발휘한 순간은 아마도 박정희 최고회의 의장과 처음 만나 대화를 나눌 때였을 것이다.

함명수가 참모차장 시절, 국가재건최고회의에서 그를 부정축재자로 지목하여 조사를 한 적이 있었다. 조사 결과 오히려 함명수가 청렴한 사람이라는 것을 알게 된 박정희 최고회의 의장이 그를 불렀다. "여보 함 제독, 돈 다 어디 있소(어디에 숨겨 놓았소)?"라고 박정희 의장이 농담을 건네자, 함명수는 "아, 그거 국세청장이 잘 알고 있습니다."라고 대답한다. 함명수의 대답에 박정희 의장이 "아니, 국세청장이 어떻게 함 제독의 재산을 안다는 말이오?"라고 다시 묻자 함명수는 "제가 주세(酒稅)를 열심히 바쳤거든요."라고 대답한다. 부정축재는커녕 월급을 받으면 부하들에게 술을 사주는 바람에 지금도 셋방살이를 면하지 못하고 있다는 것을 돌려서 얘기한 것이다. 이 말을 듣고 박정희 의장은 함명수 제독의 등을 두드리며 껄껄 웃었다고 한다. 산천초목도 부들부들 떨 정도로 서슬 푸른 최고의 권력자 앞에서도 유머를 구사할 정도의 두둑한 배짱을 지닌 인간 함명수의 면모가 잘 엿보이는 순간이다.

나도 함 제독의 유머에 배꼽을 잡은 경험이 있다. 명동의 한 음식점에서 식사를 함께하는 도중에 함 제독의 젓가락 한 짝이 바닥으로 떨어진 적이 있었다. 함 제독이 마침 그 옆을 지나가던 종업원에게 한 마디 했다. "젓가락 한 짝이 도망갔어." 다른 사람들의 귀에는 아무렇지도 않게 들릴지 몰라도 나는 그 말을 듣고 정말 포복절도(抱腹絶倒)했다. 목구멍에 사레가 들 정도로 한참 동안 웃음을 참지 못했다.

90세를 바라보는 지금도 맥주 글라스로 소주를 즐기는 함명수 제독

무엇보다도 함명수 제독을 멋스럽게 하는 것은 그가 '술을 알고 다룰 줄 아는 사람'이라는 것이다. 그는 90세를 바라보는 지금도 술을 즐긴다. 대책 없이 마시는 보통의 애주가들과는 달리 그는 적절하게 술을 다루면서 즐기는 방법을 안다. 특유의 평양사투리를 구사하며

술을 권하는 그의 모습을 보노라면 조선시대 무인들이 저렇지 않았을까 하는 생각이 절로 든다. 친구를 좋아하고, 대화를 좋아하고, 호탕하게 술을 즐기는 함명수 제독이야말로 여유와 낭만을 아는 대장부가 아닌가 싶다. 나도 그렇게 살고 싶은 마음이 간절하기에 함명수 제독에게 한시(漢詩) 한 수를 헌정한다.

— 장부가(丈夫歌) —

空想念兮開心眼(공상념혜개심안) 開心眼兮示玄道(개심안혜시현도)
求玄道兮遊四海(구현도혜유사해) 遊四海兮訪故友(유사해혜방고우)
與故友兮歌天下(여고우혜가천하) 歌天下兮傾北斗(가천하혜경북두)

상념을 버리니 마음의 눈이 열리고, 마음의 눈이 열리니 도가 보이네.
도를 얻기 위해 세상을 주유하고, 세상을 주유하다 옛 친구를 찾아가네.
옛 친구와 더불어 천하를 노래하고, 천하를 노래하며 술잔을 기울이리.[20]

---

20) 저자가 1996년 4월 27일에 지은 한시(漢詩)로서 이번에 함명수 평전을 쓰면서 함명수 제독에게 딱 맞는 내용이라는 생각이 들어 헌정하기로 함.

/ 이력과 경력 /

○ 1928. 2. 15.		평양 출생
○ 1942. 4.	(14세)	평양사범학교 입학
○ 1945.	(17세)	평양사범학교 4학년 재학 중 해군병학교에 지원
○ 1945. 12.		해군병학교(해군사관학교) 가입교
○ 1946. 2. 9.	(18세)	해군병학교(해군사관학교) 1기생(113명) 입교
○ 1946. 7.		미 7함대 파견
○ 1946. 12. 15.		소위 임관
○ 1947. 2. 7.	(19세)	해군병학교(해군사관학교) 1기생(61명) 졸업/충무공정 부장
7. 1		중위 진급 / 충무공정 정장
○ 1948. 4. 1.	(20세)	대위 진급 진해통제부 정보과장 / 미군 정보학교 이수
○ 1949. 3. 1.	(21세)	소령 진급 / 해군본부 작전국 정보과장
4. 15.		해군본부 정보감(겸 상황실장)
8. 17.		몽금포작전 해상침투부대 지휘
○ 1950. 8. 24.	(22세)	인천상륙작전 첩보부대장(X-ray작전)(~9. 21.)
11.		임시중령
○ 1952.	(24세)	미 95기동함대 및 영국함대 파견근무
○ 1953. 1. 7.	(25세)	PF 61함 부장
2. 1.		중령 진급 제3경비전대사령관 함대 작전선임참모(제5경비전대사령관 겸무)
○ 1954. 7. 8.	(26세)	PF 66함(임진) 함장 (~1955. 3. 7.)
○ 1955. 3. 1.	(27세)	대령 진급 해군종합학교장

○ 1957. 1. 29.		(29세)	제2대 해군교육단장(현 해군교육사령관)
○ 1958. 4.		(30세)	해군대학 부총장 해군본부 고급부관(비서실장)
	8. 20.		임시 준장 진급
	10. 15		초대 제1전단 사령관(수상-대잠전단)
○ 1960. 6. 24.		(32세)	해군본부 작전참모부장
	9.		해군 참모차장
	11. 13.		준장 진급
○ 1961. 2. 9.		(33세)	소장 진급
	9. 25.		한국함대 사령관
○ 1963. 12. 31.		(35세)	해군 참모차장(두 번째)
○ 1964. 9. 10.		(36세)	제7대 해군참모총장(중장)
○ 1966. 9. 1.		(38세)	해군 중장 예편
	9.		한국수산개발공사 사장
○ 1968.		(40세)	한영공업주식회사(현 효성중공업) 사장
○ 1973.		(45세)	제9대 국회의원(유정회) 원내부총무
○ 1979.		(51세)	제10대 국회의원(유정회) 보건사회위원장
○ 2003.		(75세)	헌정회 고문(~현재)
○ 2006.		(78세)	재항군인회 원로자문위원(~현재)
○ 2010.		(82세)	해군협회 회장(~2011.)
○ 2015. 5.		(87세)	민족중흥회 회장

/ 상 훈 /

- 대통령 상 / 해군참모총장 상

- 금성 을지무공훈장 / 을지무공훈장 / 금성 충무무공훈장 / 충무무공훈장
  미 은성무공훈장(Silver Star USA)

- 보국훈장 통일장 / 보국훈장 천수장

- 미 공로훈장(Legion of Merit Degree of Commander USA)

- 상의기장

- 자유중국 공로훈장(2) / 자유월남 공로훈장(2)

- 기타 각종 기장

공정식, 「바다의 사나이 영원한 해병」, 해병대전략연구소, 2009

국방부 전사편찬위원회, 「한국전쟁사」 제1~9권, 1967-1976

국방부 전사편찬위원회, 「한국전쟁 요약」, 1986

김선덕, 「실록 대한민국 국군 70년, 本紀(상)」, 도서출판 다물아사달, 2015

김선덕, 「실록 대한민국 국군 70년, 本紀(하)」, 도서출판 다물아사달, 2015

남정옥, 「6·25전쟁 이것만은 알아야 한다」, 삼우사, 2010

백선엽, 「군과 나」, 시대정신, 2009

이맹기 추모 사업회, 「선공후사의 귀감, 해성 이맹기」, 2006

이상호, 「인천상륙작전과 맥아더」, 백년동안, 2015

한국해양전략연구소, 「해군창설의 주역 손원일 제독(상)」, 2006

한국해양전략연구소, 「해군창설의 주역 손원일 제독(하)」, 2006

한국해양전략연구소, 「STRATEGY 21 제37호」, 2015

함명수, 「바다로 세계로」, 한국해양전략연구소, 2007

해군본부, 「해군 30년사」, 1978

해군본부, 「바다로 세계로-사진으로 본 해군 50년사」, 1995

해군본부, 「해군일화집 제1집」, 2006

해군본부, 「해군일화집 제2집」, 2006

해군본부, 「해군지 459호」, 2015

해병대사령부, 「해병대지 61호」, 2015

인명색인

ㄱ

강기천 178 / 182
강태무 75
고태문 187
공정식 61 / 77 / 80 / 187–188
권중돈 125–126
글렌(John H. Glenn) 182
김경선 84
김규섭 156
김남식 65
김두찬 168
김백일 43 / 187
김상길 80
김성 187
김성삼 67
김성은 126 / 134 / 165 / 187
김순기 28–29 / 31–32
김신 134
김영관 61
김영환 187
김옥경 90
김용배 187
김용호 84
김일병 84 / 103
김일성 48 / 68 / 75 / 79 / 148 / 177
김장훈 127
김정렴 172
김종곤 156

김종식 88
김종오 85
김창규 178
김창학 88
김춘배 88
김충남 127
김태숙 85
김학렬 169 / 171

ㄴ

남철 80
닉슨(Richard M. Nixon) 182
닛제(Nitse) 159–161 / 163

ㄹ

로버츠(William L. Roberts) 72–76 / 78 / 189
루시(Michael J. Lousey) 23–24
리스(Leal W. Reese) 58

ㅁ

마상철 86
매그루더(Carter B. Magruder) 125–126
맥도널드 163–164
맥아더(Douglas MacArthur) 10 / 18–20 / 23–24 / 40 / 42–43 / 64 / 87
머피(John M. Murphy) 179
모윤숙 179
무초(John Joseph Muccio) 18 / 79
민영구 74 / 127

ㅂ

박기병 59
박양원 85
박옥규 82 / 126
박원풍 29
박정호 90
박정희 133–136 / 139–141 / 147 / 161 / 163 / 165–173 / 189 / 191
백선엽 22 / 45 / 71 / 85
백인엽 10 / 39 / 85 / 89–90
밴 플리트(James A. Van Fleet) 106

ㅅ

손원일 23–25 / 41–42 / 48–58 / 60 / 67 / 70 / 74–76 / 78 / 82–84 / 86 / 94 / 102–104 / 126 / 187
손정도 48
송왕호 118
송호림 90
송흥국 85
스미스 20–21
스트러블 37 / 40 / 42
신성모 70

ㅇ

안경모 161
안성갑 72
알몬드(Edward M. Almond) 40 / 42
오경환 150–152
오응선 84
유재흥 85
육영수 136 / 142
육지수 136

윤보선 128 / 141
워커(Walton H. Walker) 21 / 37
이근석 187
이기종 72
이맹기 58 / 116 / 124 / 127 / 137 / 142–144
이병철 44
이성가 85
이성호 34 / 122–128 / 130–131 / 134 / 137 / 139 / 168
이송학 72
이순호 187
이숭녕 46 / 53 / 78
이승만 24 / 69 / 73–74 / 78 / 82–83 / 116 / 125
이시영 69
이옥녀 44
이용운 76 / 126 / 127
이응기 150 / 156–157
이응준 75
이인호 187
이종우 128
이종철 80
이태영 74–76 / 80 / 96 / 98–104 / 187
이형근 59
이희정 25–27 / 71 / 125–127
임병래 28–32 / 34–36 / 41–42 / 102
임승렬 35
앤드류스 27

ㅈ

장개석 157–158
장근섭 25
장기영 170–171
장도영 133–134

장면   125 / 133
장정길   156
장정택   28–29 / 31
장지수   55 / 61
전병익   88
정경진   187
정긍모   50 / 52 / 126
정동호   84
정래혁   178
정성원   29
정일권   38 / 178 / 182
조정애   136 / 142
존슨(Lyndon B. Johnson)   147
지덕칠   187
주철규   99
지갑종   178–179
진시황   30

차성환   29
처치(John H. Church)   18
최영희   178–179 / 182 / 184
최용덕   187

클라크(Eugene F. Clark)   33–34

트루먼(Harry S. Truman)   20
티우(Nguyen Van Thieu)   157–158

ㅍ

포드(Gerald R. Ford)　178 / 181 / 183–184
표무원　75
프레시(George W. Preshi)　130–132

ㅎ

하비브(Philip Charles Habib)　183
하우즈　140
한갑수　126
한득순　85
한유만　29
함광덕　44
함이균　44
함명수　9–10 / 17 / 24 / 28–34 / 36 / 41–47 / 53–55 / 57 / 61 / 64–67 / 70–71 / 74–81 / 85 / 87 / 91 / 98–99 / 102–105 / 107–118 / 122–124 / 127–128 / 130–131 / 133–145 / 149 / 155–163 / 165–174 / 179–185 / 187–189 / 191–193
함영태　135
허정　125
현시학　187
형가　30
호치민　145–146
홍시욱　29 / 34–36 / 41–42 / 102
홍창원　187
황운서　72
히긴스 대령　130–131
히긴스 제독　39
히로히토　47

다물아사달 기획 '국군열전'

다물아사달에서는 창군(創軍)과 6·25전쟁, 그리고 대한민국 발전 과정에서 노심초사한 '참군인'들과 UN군 참전용사들을 선정하여 그들의 삶과 업적을 오늘에 되살리는 '국군열전'을 기획하고 있습니다.

초대 제2군사령관, **강문봉**
영원한 벽창우(碧昌牛), **강영훈**
무적 해병의 전설, **공정식**
가평전투의 영웅, **권동찬**
포병의 뿌리, **김계원**
6·25전쟁의 4대 영웅, **김동석**
베티고지전투의 영웅, **김만술**
38도선돌파와 흥남철수작전의 주역, **김백일**
내가 여기 있다, **김석원**
귀신 잡는 해병의 신화, **김성은**
영원한 공군 조종사, **김신**
미군 속의 한국영웅, **김영옥**
빨간마후라의 신화, **김영환**
영천전투의 맹장, **김용배(金容培)**
불굴의 장군, **김웅수**
한강교를 넘어라, **김윤근**
붓을 든 무인, **김익권**

대한민국 국가건설의 주역, **김일환**
최고의 지장(智將), **김점곤**
공군의 대부, **김정렬**
백마고지의 영웅, **김종오**
대한민국 특무부대장, **김창룡**
방송국을 사수하라, **김현수**
한강방어전투의 영웅, **김홍일**
뚝심의 맹장, **민기식**
백골부대의 마지막 자존심, **박경원**
공병 발전의 주역, **박기석**
광복군 출신 장군, **박기성**
불굴의 연대장, **박노규**
하늘에 진 별, **박범집**
광복군의 원로, **박시창**
제2대 해군참모총장, **박옥규**
풍운의 별, **박정인**
자주국방의 초석, **박정희**

인천상륙작전의 숨은 주역 **함명수**

제주 4·3사건의 지휘관, **박진경**

용광로의 신화, **박태준**

대한민국 최초의 대장, **백선엽**

여순 10·19사건의 순국자, **백인기**

서울수복작전의 주역, **백인엽**

해군의 아버지, **손원일**

용문산전투의 영웅, **송석하**

타이거 장군, **송요찬**

화령장전투의 맹장, **송호림**

조선경비대 제2대 사령관, **송호성**

불운한 국방부장관, **신성모**

포병의 아버지, **신응균**

카이젤 장군, **신태영**

해병대의 뿌리, **신현준**

6·25의 의장(義將), **안병범**

반공포로의 아버지, **원용덕**

통위부장, **유동열**

초대 한미연합사 부사령관, **유병현**

뚝심의 야전사령관, **유재흥**

대한민국 전투조종사, **윤응렬**

창공에 산다, **이강화**

비운의 국방부장관, **이기붕**

마지막 주월 공사, **이대용**

제6대 해군참모총장, **이맹기**

대한민국 초대 국방부장관, **이범석**

율곡계획의 개척자, **이병형**

영천전투의 영웅, **이성가**

초대 제3군사령관, **이세호**

대한민국 최초의 국군통수권자, **이승만**

풍운아, **이용문**

육군의 대부, **이응준**

최장수 육군대학 총장, **이종찬**

미 군사고문단을 구하라, **이치업**

육사 중흥의 견인차, **이한림**

군번 1번, **이형근**

최고의 연대장, **임부택**

백마고지의 또 다른 영웅, **임익순**

백골부대장, **임충식**

강단의 장군, **장경순**

용문산대첩의 주역, **장도영**

공군의 작전통, **장지량**

제9대 합참의장, **장창국**

마지막 기병대장, **장철부**

영원한 백골부대 맨, **장춘권**

장사동상륙작전의 주역, **전성호**

제18대 국방부장관, **정래혁**

대한민국 군인, **정승화**

구국의 육해공군총사령관, **정일권**

후방을 안정시킨 빨치산 토벌대장, **차일혁**

따이한의 별, **채명신**

영욕의 육군참모총장, **채병덕**

부동여산(不動如山)의 명장, **최영희**

대한해협해전의 신화, **최용남**

하늘의 개척자, **최용덕**

경찰의 지장, **최치환**

참 군인, **한신**

인천상륙작전의 숨은 주역, **함명수**

위국헌신의 연대장, **함준호**

운명을 개척한 의지의 장군, **황인성**

외전(外傳)

돌아온 딘

제2대 UN군사령관, **리지웨이**

불멸의 노병, **맥아더**

지평리전투의 영웅, **몽클라르**

대한민국 국군의 영원한 벗, **밴 플리트**

장진호의 대장정, **스미스**

미 극동공군사령관, **스트레이트마이어**

낙동강을 사수하라, **워커**

휴전회담 수석대표, **조이**

미국 역사상 최초로 승리하지 못한 사령관, **클라크**

중립국 송환위원회 의장, **티마야**

최고의 한국통, **하우스만**

전쟁고아의 아버지, **헤스**